Qiye Jingzheng Moni

Sibu Xunhuan Shixun Jiaocheng

企业竞争模拟

四步循环实训教程

（第2版）

王其文 主审 陈 冰 主编

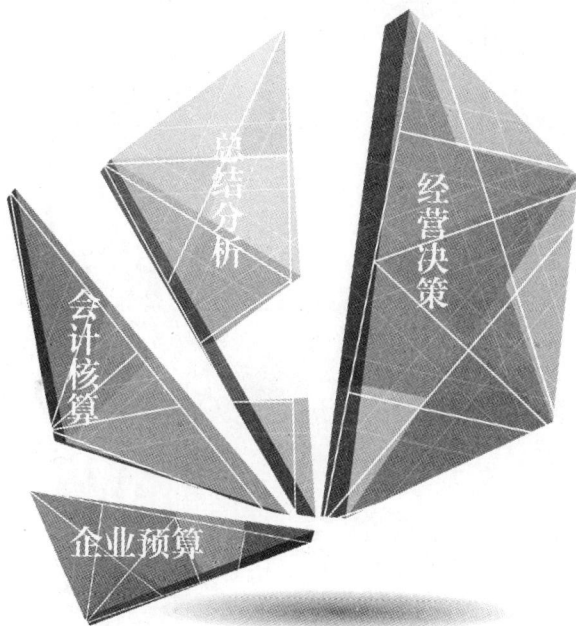

总结分析

经营决策

会计核算

企业预算

中国财经出版传媒集团

经济科学出版社

Economic Science Press

再版前言

驾驶着企业之舟，在时而惊涛骇浪时而风平浪静的商海中，驶向成功的彼岸，是每个商科学生梦寐以求的理想。企业竞争模拟系统为同学们提供了这样的虚拟环境，让大家在竞争实战中不仅展现自己的才智和意志品质，还能发现学业中的不足，及时予以弥补。

本版教材在继承初版教材注重预算的基础上，又进一步围绕企业经营活动增加和强化了会计核算和业绩分析。

会计是国际通用的商业语言，是企业经营管理人员最频繁使用的基本工具。但是商科毕业生少有能独立、从容、自信地编制会计报表的。在我们的学历教育中，虽然一直在加强动手能力的培养，并且不少学校开设了会计核算实践课程，包括会计电算化课程，但同学们面对的往往是僵化的、千篇一律的习题作业，很难有机会为现实的、生动活跃的会计主体进行会计核算。"企业竞争模拟"系统中提供的数据，正好可以填补这个空白，为每个同学提供完全个性化的会计核算素材，让每位同学为"自己"的公司进行会计核算，最终编制出"自己"公司的会计报表。这不仅锻炼提高了同学们编制报表的能力，还增进了对自己所接管公司的了解，更重要的是使同学们建立了自信心，不再视编制会计报表为拦路虎，为就业后在职场中的拼搏做好心理准备。

本教材的第四、第五篇，为企业经营业绩分析。与"财务报表分析"对应。也是商科同学必须掌握的能力。这里的分析不拘泥于传统教材"财务报表分析"的指标与方法，而是结合企业竞争模拟的具体情况和资料，设计了一套完全不同的分析体系。希望同学们通过业绩分析，不仅逐步改进自己的经营方案，提高决策水平，更对业绩分析的初衷与方法的灵活性有更多的理解。

本版教材得以问世，首先要归功于王其文教授。本教材作者长期受教于王其文教授，获益匪浅；"企业竞争模拟"系统为教材编写提供了大量素材；本教材提纲几经王其文教授审阅；第一篇经王其文教授逐字批改；第五篇更是在王其文教授手把手的传授下进行的。

主编陈冰，总结十多年企业竞争模拟教学经验，探索会计核算、企业预算、业绩分析与经营决策一体化的课程建设，借本教材再版之机，与老师、同学和战友们交流，深感荣幸。

留学归国的王印老师，研究企业经营决策也有多年的经验。本项目策划和启动之初，投入大量精力，保证了项目的顺利进行。直接执笔编写第二篇第一章。

本版教材由北京市教委民办教育促进项目支持。

特别感谢陈庆驰卓有见识的分析和建议；感谢桂珍所给予的持续不断的支持；感谢并肩战斗的广大师生战友和各界同仁的帮助指教和关心！感谢经济科学出版社齐伟娜主任卓有成效的工作和对作者的宽容理解！这一切是本书顺利问世的重要保障。

四位一体实践教学平台的建设、完善和提高，要靠广大师生的共同努力。本版教材只是这个过程中的一个站点。教材中肯定存在许多不足，还望广大师生和企业同行批评指正。

北京工商大学嘉华学院　陈冰

2016 年春于墨尔本

第一版前言

在高等院校经管类专业通过建立模拟企业和市场环境，为专业学生提供综合实践教学模式，受到广大学生的热烈欢迎。我们建议应以更大的力度推广模拟企业教学新模式，为学生提供更好的服务。

计算机模拟教学方式可以追溯到 20 世纪 50 年代中期。80 年代初，在大连理工学院举办的企业管理人员培训班上，美国教授使用了计算机模拟软件，使参加培训的企业管理人员和大学教师大开眼界。此后，计算机模拟教学在国内一些学校逐步开展起来。在大连的工商管理培训之后，北京大学经济系的张国有、王其文两位教授便开始模拟软件的研制工作。软件的 3.3 版本于 1998 年 8 月由北京大学出版社正式出版发行。在 2001 年、2003～2007 年使用此软件组织了全国 MBA 培养院校企业竞争模拟比赛。本书就是在此背景之下创作完成。

● 本书为何而写

促使作者写这本书的原因有很多，最主要的原因有以下两个。

第一，作者深深感到，市场上没有一本关于"企业竞争模拟"专业的指导教材，这对于"企业竞争模拟"的继承和发展是十分不利的。

第二，教学改革的进程中需要这样一本书记录下人们的智慧结晶和点滴心血，以留给后人更多的宝贵经验。

本书作者花费了很大的精力，对"企业竞争模拟"进行了多年的研究和推广，并且亲身参加了多次大赛。这可以使得读者像亲临实战一样，体会战略思想是怎样产生以及怎样在实战中得到运用。

● 本书为谁而写

企业经营成败的剖析，不仅要依据丰富的理论知识，更需要结合精确的工具来量化分析，"企业竞争模拟"培训中会利用资金预算、杜邦模型、波士顿矩阵对各模拟企业年度的经营进行量化分析，不仅从传统的财务角度分析，还从市场占有率、企业核心竞争力等关键指标去综合评价各企业的经营状况，让学员充分体验企业经营中数字说话的效率。在实战中进一步理解分析市场、分析竞争对手、控制投资、合理安排产能、有效利用资金。体验如何在激烈的竞争环境中生存和发展的正确思维方式与管理理念。

本书是一本关于"企业竞争模拟"的实用教材和使用手册。

如果你是一个参赛者，你以此为荣，并且希望能够了解"企业竞争模拟"

的参赛技巧和企业经营的战略思想，以便更好地用于实践，那么这本书就是为你而写。

如果你是一个组织者，你以此为荣，并且希望能够进一步了解"企业竞争模拟"的起源以及策略决策的制定方法，以便能够指导学生制订出更优的方案，那么这本书就是为你而写的。

如果你是一位爱好者，你以此为荣，并且希望能够知道"企业竞争模拟"的故事和背后的思想，那么这本书就是为你而写的。

● 本书组织结构

本书采用逐篇递进、层层深入的方式，指导读者进行实战操作。本书的内容可以大体划分为三大部分：第一篇，讲述了参赛的基本操作方法；第二篇，讲解了参赛的具体决策制定；第三篇，描述了参赛的多种作战技巧。

运行篇从参赛操作到规则详解，为读者解读了"企业竞争模拟"的每个环节，该篇适合初次接触本课程的同学研读；规划篇则从理论与实战相结合的角度指导参赛者制定相应决策，该篇适用于中级参赛者，是其制定准确、全面的战略决策的良好依据；而攻略篇则着重从实战案例中总结经验和结论，为高级参赛者提供战术指导，帮助其更好地把握参赛细节。

特别要指出的是，本书的讲解有三大特点。

第一，本书的讲解与"企业竞争模拟"系统紧密结合；

第二，本书的讲解列举了大量的作战实例；

第三，本书的讲解给出了详尽的作战指导。

● 怎样阅读本书

如果读者把本书当作一本手册，那么读者可以从书的任何一个章节开始阅读。本书的大多数章节都是与其他的章节相对独立、自成一体的，可以更有针对性地进行查找。

如果将本书作为自学或者教学的教材使用的话，则不一定要沿用模式的逻辑分类顺序，可以根据企业经营的业务流程等制定学习的顺序。

● 作者简介

本书能来到这个世界，首先要归功于王其文教授。王教授从 20 世纪 80 年代起，着手研究"企业竞争模拟"教学系统。风雨二十余载，坚韧不拔，带领教改团队，从一个 200 余行的 BASIC 程序，发展到如今风靡全国的经管类教学新模式。第一篇的主要内容，即来自王教授为该教学系统撰写的说明文章。

主编陈冰教授，农商工学 40 个春秋。从 2004 年开始，痴迷于模拟企业经营这种教学模式，5 年来乐此不疲。为了探索这座迷宫中的奥妙，十多次率队参加各种模拟企业经营类比赛，颇有斩获。大江南北，登门求教，集长补短。2006 年出版《ERP 沙盘实战》，2008 年再版。这次主持本教材，精诚所至，顶级权威欣然加盟；不拘一格，少壮新秀施展才华。所谓主编，搭了一个框架、提交第二篇初稿和第一篇第一章初稿。

以曾国藩为学习榜样的曾云鹤，踌躇满志。因初次参赛止步决赛圈外而奋起，历经数月，成数万言，不仅率领自己的战友"一骑绝尘"① 于比赛场上，更将自己苦心研究的成果公布在网上，与对手（也是战友、朋友）交流切磋，共同提高。本教材的第三篇，就是曾云鹤研究各路高手之心得，几易其稿之成果。其功底和笔力，文中自见，不待多言。现曾云鹤已投身职场。我们相信他将秉承竞争与合作的参赛精神，与各位同仁共同打造出一片新的天地。

美丽热情的苗雪，堪称"企业竞争模拟"战场上的穆桂英。不仅才艺双绝，更以校队"政委"的身份，以其高超的组织才能，为庞大的"北工商军团"② 创建了和谐的氛围。她不仅用亲身的经历和生动的文笔为本书提供了"前言"、"跋"以及"学生的故事"，更直接执笔第一篇的改编和全书的文字润色工作。有她绝妙的文笔为本书添彩，相信会使读者在辛苦的攀峰进程中，别有一番置身鲜花丛中的感觉。目前苗雪正在香港理工大学深造。我们祝愿她一天比一天更美丽，一年比一年更幸福！

全书初稿完成后，四位作者反复对各篇、章、节的内容以及表述方法仔细琢磨，提出修改意见并相互讨论。

● 致谢

本书为之服务的课程，是一门新兴的课程。沈俞、李朝鲜、谢志华、黄先开、祝均、周丽、兰苓、何明珂、汤谷良、杨有红、赵宝卿、秦艳梅诸位教授，突破传统思维框架，为实践教学改革撑起一片蓝色的天空，在本教材的建设中更是提供了积极的人力、物力、财力尤其是精神上的支持与鼓励；欧阳爱萍教授在百忙之中，亲自挂帅，主持本套丛书的建设，本教材还是北京市教改项目"把市场建在教室，把企业交给同学"的成果之一；陈禹、宋福根、轲明诸位教授开拓的事业，都为本教材提供了极有价值的营养。

段励锋、靳晶博、方林枫等诸位强者，因遭受无缘决赛的打击而奋起，合力创建了"模拟竞技"协会。经赖建辉、现在徐皎会长的领导，渐成燎原之势。"一休"全体队员、北工商全体参赛队员的刻苦钻研、全国赛场上各友队间无私的交流与奉献，都是本书的营养源泉。在此一并致以诚挚的谢意！

在编写过程中，我们主观上希望充分展现我们的认识，对后来者有所助益，但能力所限难免捉襟见肘。如果读者使用本书时遇到问题，欢迎发 E-mail 到 chenbing@ht.rol.cn.net（陈冰）、zengyunhe@yahoo.com.cn（曾云鹤）、forgetsnow_wind@163.com（苗雪）与我们联系。谢谢！

编 者

2008 年 6 月

————————————

① ②　网友语。

21 世纪教育的四大支柱：

学会认知：（学习）作为目的，其基础是乐于理解、认识和发现。

学会做事：从资格（学历）概念到能力概念。以便不仅获得专业资格（学历），而且从更广泛的意义上说，获得能够应付许多情况和集体工作的能力。

学会共同生活（合作）：为实现共同目标而努力。其途径是本着尊重多元性、相互了解及平等价值观的精神，在开展共同项目和学习管理冲突的过程中，增进对他人的了解和对相互依存问题的认识。

学会生存：一边更充分地发展自己的人格，并能以不断增强的自主性、判断力和个人责任感来行动。为此，教育不应忽视人的任何一种潜力：记忆力、推理能力、美感、体力和交往能力。

——摘自联合国教科文组织总部：《教育——财富蕴藏其中》（括号为作者所加）

目　录
CONTENTS

---

* 附件的三个模型请登录经济科学出版社网站获取，网址：http://www.esp.com.cn/。

第一篇

决策概论

决策的定义有很多，我们以为"在诸方案中择优"这个简洁的定义就很好。

第一章　进入企业

第一节　公司构成及其运行流程

为了对我们的规划对象建立更直观的了解，我们可借用图 1 – 1 – 1[①] 具体说明我们将要为之进行规划的公司中的生产部门（车间）。

背景描述

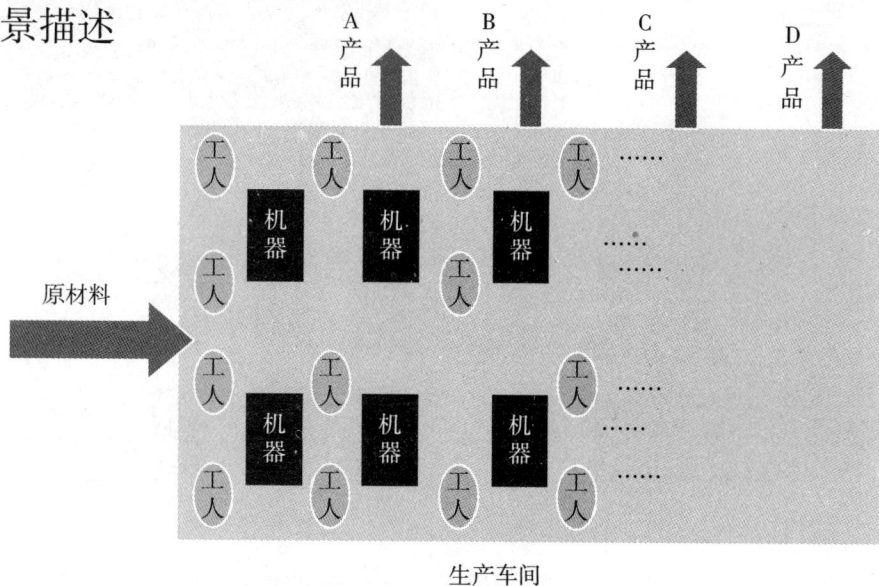

生产车间

图 1 – 1 – 1　生产车间示意

该公司的生产车间中安装着许多机器，还有许多工人在机器旁进行生产劳动。工人们开动机器把原材料加工成产品。

特别需要说明的是：在这里，工人和机器并不是固定的搭配[②]。工人和机器的有效搭配比例取决于难度级别、情景和产品结构。具体搭配比例由每个难度级别和情景的规则所规定。

---

① 图表的编号为：篇号—章号—流水号。
② 即不是一人一机，也不是两人一机或一人两机等。

整个系统（模拟公司）大致可以看作是由四个部门组成：财务、供应、生产、销售。

- 财务部门负责投资、筹资、管理现金以及分红。
- 供应部门负责原材料的采购和储存。
- 生产部门负责购买新机器、聘用新工人、老工人退休、解雇工人、产品结构、生产排班以及产品库存。
- 销售部门负责产品的市场配送、制定价格以及广告和促销方案。

整个公司的价值流动如图1-1-2中箭头所示。

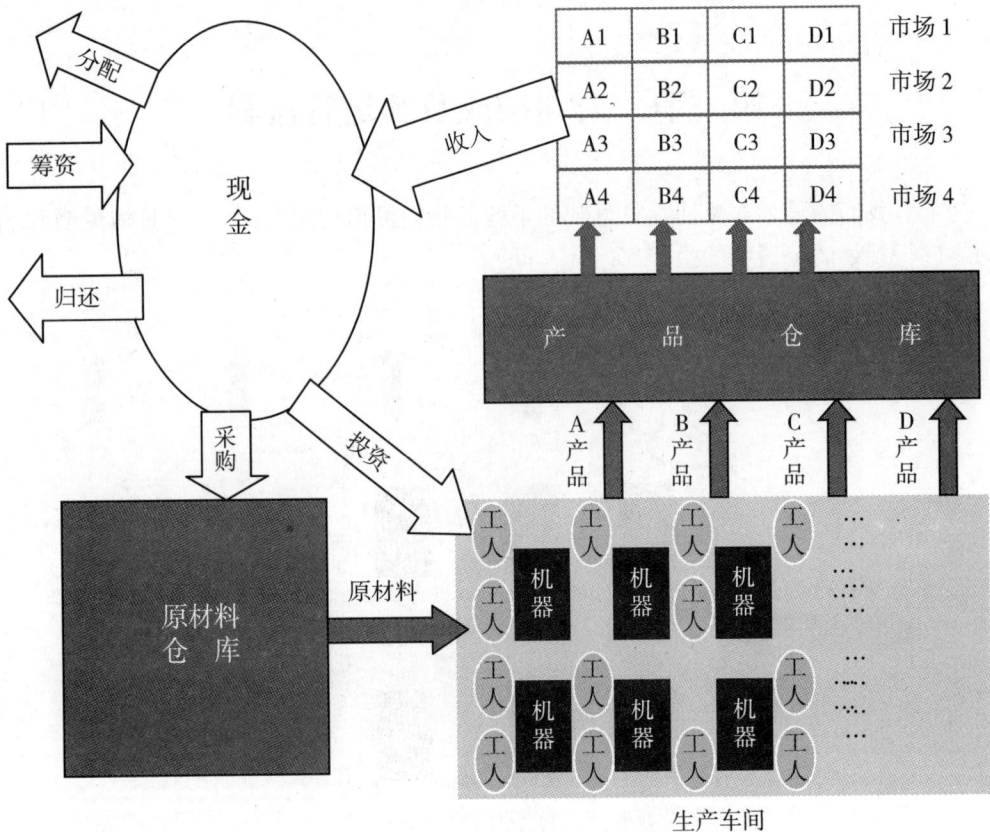

图1-1-2　公司运行（价值流动）示意

第二节　企业循环

如图1-1-2所示，企业的经营活动从现金开始，经过机器、工人、原材料、在制品、产品及其存储运输，最后通过市场销售返回成现金（正常情况应该是具有增量的现金）。我们通常把这样的循环称作企业经营循环，简称企业循环。如果把企业循环看作封闭循环，则可用图1-1-3示意性地表达。

实际上，只有完美的循环才是如图1-1-3所示的"圆"形，真实的企业循环会有各种各样的"缺陷"，这些缺陷依其性质和对企业经营效果的影响不同，会在这个"圆"

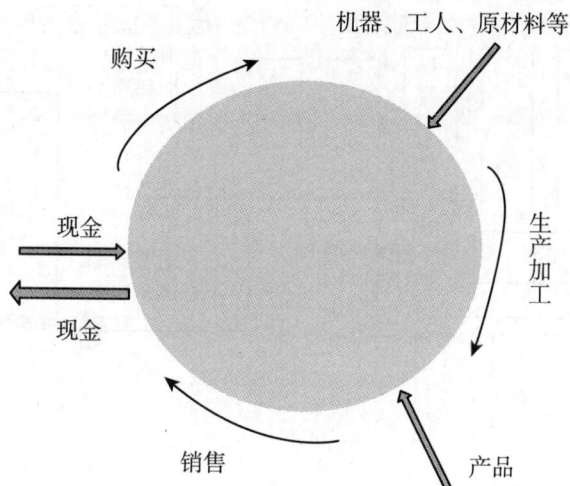

图 1 - 1 - 3　完美的循环形成的"圆"环形

上产生形状大小不同的凹陷甚至造成整体环形的缩小。如图 1 - 1 - 4 所示。

企业决策人员的职责，就是修补这些凹陷以及扩大这个"环"。

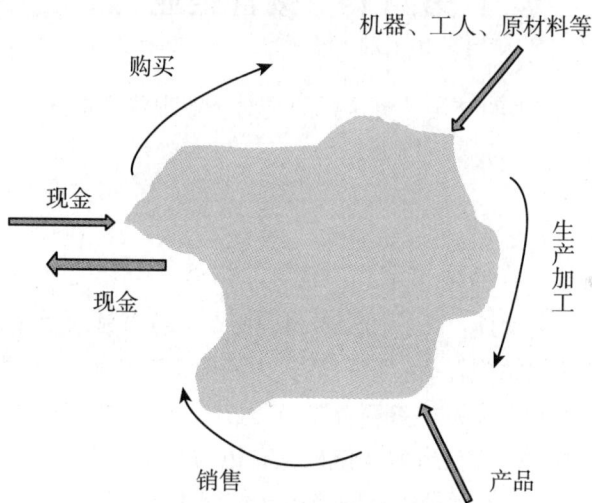

图 1 - 1 - 4　不完美的循环形成的"多边"环形

第三节　步进式学习方法

毫无疑问，对于初学者而言，这是一个比较复杂的决策系统。为了方便大家逐步熟悉这个模型并掌握制定决策的方法，我们用图 1 - 1 - 5 示意性地说明在本课程中学习的步骤（step by step）。

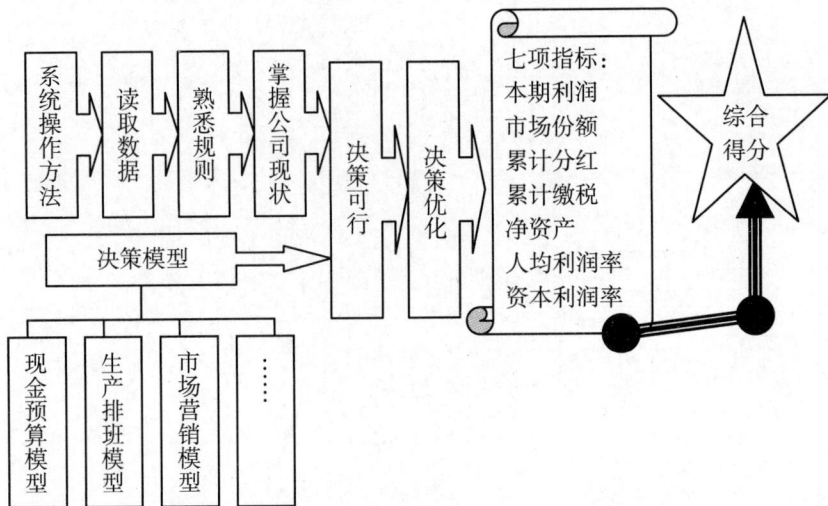

图 1 - 1 - 5　掌握模拟企业经营决策的步骤

第四节　接管企业

接管企业，不仅是权力的交接，更重要的是对企业现状的把握。

一、登 录

登录可分五步完成：

1. 打开浏览器，输入网址：162.105.29.4，回车，窗口显示"企业竞争模拟"主页；
2. 在窗口内左上角"请先输入：第"后输入老师指定的赛区（例如 990），回车；
3. 点击窗口顶端第三个按钮"参赛者"，正式进入自己的赛区；
4. 此时窗口分左右两栏，左边为操作栏，右边为显示栏。在左边操作栏第 5 行"选择公司"右侧下拉菜单中选择老师指定的公司（例如 3 公司）；
5. 输入老师告诉你的密码（例如 1）。

至此，登录完成。

二、操作方法

在左边操作栏，从上到下分为三个区域：上区为对任何人（包括观众）都开放的区域，其中"基础信息"中包含 6 个项目，其中最重要的是"本区比赛规则"，一定要认真学习领会；"公共信息"中包含 12 个项目，是比赛过程中重要指标的实时进展，供一切关心比赛者查阅。中间的"选择期数"有时也很有用，逐步就熟悉了。

中区为只对本公司内部人开放的区域，其中"内部信息"[1] 包括 8 个项目，都是公司内部的商业秘密，应充分使用；"制定决策"包括 1 个输入项"制定当前决策"和 3 个输出历史决策项。

下区包含了许多基础信息。初学者首先可阅读"文献资料"中"模拟向导"中的"【3. 竞争模拟参加者】"。

总之，初学者首先需要认真学习的是"本区比赛规则"，关于系统操作方法可阅读"【3. 竞争模拟参加者】"，待有一定水平后再逐步学习其他资料。

三、阅读内部信息

下面我们以 990 赛区[2]为例，说明内部信息的内容和阅读方法。系统提供的内部信息有许多，包括"公司会计项目"、"期末净资产"、"期末产品状况"、"期末企业状况"等。参见图 1 - 1 - 6。

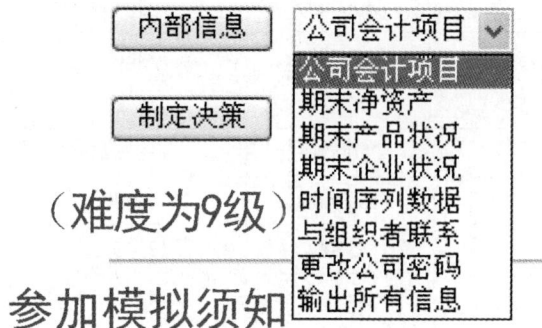

图 1 - 1 - 6 内部信息菜单

其中：

"公司会计项目"包括（已执行的某期的，下同）现金流入流出（数字第一栏）、现金余额（数字最右栏）和收入与费用（数字中间栏）。参见表 1 - 1 - 1。本表相当于会计凭证汇总表，会计科目在文字栏。

表 1 - 1 - 1 **公司会计项目**[1]

第 1 期会计项目		收　支	本期收入本期成本	现金累计[2]
上期转来				2500000
还债券本金	−	50000		2450000
还债券利息	−	30000	30000	2420000

---

① 所谓"内部数据"是仅供本公司查看的数据，其他竞争对手无权查看。
② 为方便同学们学习，我们已经将该赛区各公司的口令统一为"0"。

续表

第1期会计项目		收　支	本期收入本期成本	现金累计
新工人培训费	－	2500	32500	2417500
解雇工人安置费	－	5000	37500	2412500
工人基本工资	－	228150	265650	2184350
机器维修费	－	20000	285650	2164350
研发费	－	300000		1864350
研发费分摊		150000	435650	
购原材料	－	500000		1364350
购材料运费	－	15000	450650	1349350
特殊班工资		159750	610400	1189600
管理费		10000	620400	1179600
使用材料费		408000	1028400	
成品运输费	－	120475	1148875	1059125
广告费	－	20000	1168875	1039125
促销费	－	20000	1188875	1019125
销售收入③	＋	1623400	1623400	2642525
废品损失	－	35200	1224075	2607325
折旧费		200000	1424075	
产品库存变化		0	1424075	
原材料存储费	－	27300	1451375	2580025
成品存储费	－	6000	1457375	2574025
本期纳税	－	49808		2524218

注：① 0990赛区——01公司。下同。

　　② 即现金余额。

　　③ 本项目为收入，为节约版面，与费用列合并。"购原材料优惠"可同此。

"期末净资产"包括的项目及表示方法参见表1－1－2。

表1－1－2　　　　　"期末净资产"包括的项目及表示方法

项　　目		金　额	累　计
现　　金	＋	2524218	2524218
国　　债	＋	0	2524218
原材料	＋	592000	3116218
存　货（产品A）	＋	113462	3229679

续表

项　目		金　额	累　计
存货（产品B）	+	150962	3380640
研发费用待摊	+	150000	3530640
机器原值	+	4000000	7530640
机器折旧	−	200000	7330640
债券	−	950000	6380640
净资产			6380640

"期末产品状况"包括各种产品在各个市场中的上期预订数、本期需求数、本期销售数、所占市场份额、下期订货数、期末库存数和废品数以及各种产品在工厂的库存数、本期研发投入金额、累积研发金额和产品等级等。参见表1-1-3。

表1-1-3　　　　　　　　　　期末产品状况

产品	市场	上期预订	本期需求	本期销售	市场份额	下期订货	期末库存	废品
A	1	0	200	185	0.062	7	0	10
A	2	0	200	185	0.062	7	0	10
A	3	0	219	0	0	43	0	0
B	1	0	111	92	0.062	7	0	5
B	2	0	111	92	0.062	7	0	5
B	3	0	150	0	0	30	0	02
产品	工厂库存	本期研发	累积研发	产品等级				
A	100	100000	100000	1				
B	50	200000	200000	1				

"期末企业状况"包括公司的总体概况，共18项指标。参见表1-1-4。

表1-1-4　　　　　　　　　　"期末企业状况"

工人数	=	150	1
机器数	=	100	1
原材料	=	592000	1
现金	=	2524218	1
累积折旧	=	200000	1
银行信用额度	=	8000000	1
国债	=	0	1

续表

债券	=	950000	1
累计研发费	=	300000	1
本期利润	=	166025	1
本期交税	=	49808	1
累计交税	=	49808	1
交税信用	=	0	1
累计分红	=	0	1
净资产	=	6380640	1
人均利润率	=	1071.13	1
资本利润率	=	0.0226	1
综合评分	=	0	1

认真解读上述数据，就可获得你所接管企业的基本信息，为你进一步经营企业、做好决策打下基础。

所有数据都是按期展示的。可自行设置需要的期数（只能是已执行过的）。

在读懂上述数据的基础上，再结合包含历史上各期市场销售信息的"时间序列数据"和"输出所有信息"以及"公共信息"等，可更全面地把握本企业在整个时空中的位置并了解竞争对手的部分信息。"输出所有信息"包含所有公共信息和公司内部信息，方便决策者下载分析。

需要指出的是：本模拟系统中的企业生产的是日常耐用家电产品，不是按订单生产的。基于各个公司的价格、广告、促销、产品等级、上期市场份额等信息，各期都有新产生的需求。在公司的供货不能满足需求时，会有部分需求变成下期的订货。

四、竞赛规则与获胜标准

模拟环境可设置成不同的难度等级，最高9级。每个级别又有几十种"情景"。每个情景的规则中的具体参数都不一样。所以，第一次学习规则时需要全面阅读理解，以后进入新的级别和新的情景时，首先关注有变化的参数，再逐步蔓延阅读其他部分。

"规则"中的评判标准包括七条标准，其中五条半直接就是利润或与利润有很强的相关性。所有初学者可以先以利润为追求目标。待到水平有所提高后，再综合考虑七条标准，追求更高境界。

五、提高

提高的渠道有很多。例如，勤学苦练，交流取经，听取指导等。"文献资料"和"资源下载"中的"疑难解答"是系统运行多年来总结的对同学关心的问题的解答，很有价值。例如，"17）问：比赛模型中净资产是如何计算的？比如，库存产品是如何在净资产中体现的？研发、广告是否影响净资产？

"答：库存产品和库存原材料在计算净资产时都加以考虑。库存产品的价值是按照产品需要的资源（包括人、机器、原材料）计算的价值。人是按照第一班的工资，机器费用是按每天工作一个正常班计算的折旧，原材料按标准价格。其他费用，如存储费、管理费用、运输费用、机器维修费用，等等，都作为本期成本分摊在本期销售的产品上。研发、广告和促销在本期以现金支付。研发费用分两期分摊，作为成本，广告和促销作为本期的成本。"

"26）问：什么失误是最致命的失误？

"答：许多失误都可能让企业铸成大错。如果一定要挑一种失误，预留现金不足可能是致命的。轻者，产品运不出；重者，生产不能进行；严重者，可能导致破产。"①

第五节 制定决策

"制定决策"键有制定当前决策、查看原始决策、查看可行决策和各期可行决策等4项内容的功能，如图1-1-7所示。由于是各公司的内部功能，必须输入自己公司的密码才可使用。

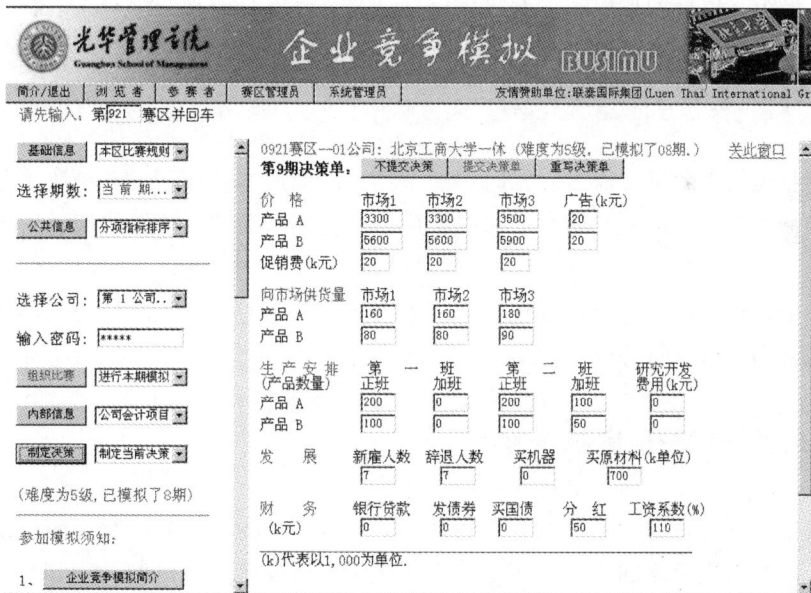

图1-1-7 制定决策

公司做决策时应在充分理解规则的基础上，考虑本公司的现状、历史状况、经营环境

---

① 参见教学网页上《文献资料》中"疑难解答"。

以及其他公司的信息，综合运用学过的管理学知识，发挥集体智慧与创造精神，追求成功的目标。

制定决策包括：安排生产计划、企业人力资源规划、财务管理与资金运作、供货与市场营销策略、企业发展战略、输入决策、检查决策等环节。制定决策涉及大量的计算，我们可以借助预算模型（决策辅助工具）提高工作效率。输入决策检查无误后，就可静等执行决策，然后分析返回数据开始制定下一期决策。如此循环。

一、安排生产计划

生产计划从分析上期生产计划是否合理开始，然后检查期末产品库存（包括在工厂的库存和在市场的库存），查看本期可用的机器、人力和原材料（注意计算本期需要退休的工人数、最多可聘用的工人数），根据以上生产资源情况制订生产方案。除此以外还需要决定产品研发费用的投入。

二、企业人力资源规划

人力资源规划包括人员的招聘、培训、工资待遇、退休与解聘等。招聘与解聘要与企业的生产计划和战略发展配合好，以免人员不足或人员的浪费。员工的工资待遇影响产品质量和产品等级，也会增加成本，制定工资标准需要考虑企业和竞争对手的状况。

三、财务管理与资金运作

保证企业运行中的资金需求，同时注意节约，降低成本。生产、营销决策几乎都需要资金的支持，如工资、加班、研发、材料、广告、促销、运输、机器维修、库存等都需要费用。

除了现金以外，还应充分运用银行贷款和发行债券等筹资方式，尽力提高企业的发展速度。把握适当时机进行分红等。

四、供货与市场营销策略

分析市场，制订营销计划。因为营销计划依赖生产能力与产品库存，研究给每个市场的供货量。市场营销策略的主要内容是给产品定价，以及产品的广告费用和在各市场的促销费用。在详细了解与市场有关的模拟规则的基础上，注意从历史数据分析各种营销策略的效果，使产品的供求达到平衡，不要有过多的库存，更不要造成明显的供不应求。

五、企业发展战略

组织、协调和考虑企业的发展战略。企业通过购买新机器和招聘新工人扩大规模，争取在市场竞争中占据优势地位的同时，要注意伴随而来的各种费用和风险因素的增加。企业是否选择主攻产品和主攻市场，也是战略决策考虑的问题。

六、输入决策

初次进入决策单时，程序会将上期的决策放在屏幕上，等待决策者修改。用鼠标可以灵活地在各决策变量之间移动。如果要输入数据，只要在相应的空格直接键入数字。程序只允许输入 0~9 十个数字，不接收其他符号。决策输入后，要点击"提交决策"。在该期决策提交的规定时间内，企业可以多次进入决策程序。每次保存新决策时，自动覆盖旧决策。

注意：在输入数字时，有上下限限制。一般说来，限制区间为【0，30000】。对某些决策数据还有更强的限制。比如：价格【1，30000】，广告与促销【0，300K】，新雇工人和退休与解聘、银行贷款等都按规则给以限制；如果输入数字不符合规则，程序会在用户输入后自动修改。

属于决策的变量，输入是整数。比如，若需要解聘 8.4 人，可按 8 人输入。若计算能生产 120.6 个产品，则至多输入 120 个，若输入 121 个就不可行了。

七、检查决策

输入完成后，应进行复核检查，防止因输入错误给企业造成不应有的损失。输入后的决策可以反复修改，每次点击"提交决策"后，都覆盖原决策。若本期没有点击过"提交决策"，则系统默认为上期决策。

八、决策工具

为了提高工作效率和决策水平，通常使用预算模型辅助决策。Excel 是很好的制作预算模型的工具。我们将在第二篇介绍预算模型的使用方法和制作方法。

九、执行决策

在各公司提交决策完毕或约定时间到，老师运行"本期模拟"。决策者应该退出决策屏幕，返回到本区主页。若某公司没有退出决策程序，软件会将原来存的决策作为该公司的决策。若某公司没有保存过本期决策，软件会用它的上期决策作为本期新的决策。

在本章我们初步了解了自己将为之效力的企业。从下一章开始，我们将学习初步的决策方法并观察决策的效果。

第二章 营销决策

营销部门是公司的前锋部队,在与竞争对手的拼搏中,业绩显现,通过销售本公司的产品收回成本并为公司赢取利润。市场营销的决策目标可以描述为:以最好的(营销)价格卖出尽量多的欲销售产品,实现利润最大化。

短期市场营销决策包括配送、价格、广告和促销。

第一节 配送

一、从观察入手

让我们先观察一个例子,如表 1-2-1~表 1-2-10 所示。

表 1-2-1 　　　　　**5 级 A 情景第 8 期市场营销数据 (例 1-1)**[①]

0990 赛区——01 公司:陈冰(难度为 5 级,已模拟了 08 期)

第 8 期末企业的产品状况

产品	市场	上期预订	本期需求	本期销售	市场份额	下期订货	期末库存	废品
A	1	0	171	171	0.062	0	136	10
A	2	0	171	171	0.062	0	136	10
A	3	26	135	0	0.000	27	0	0
B	1	0	96	92	0.062	1	0	5
B	2	0	96	92	0.062	1	0	5
B	3	15	78	0	0.000	15	0	0

产品	工厂库存	本期研发	累积研发	产品等级
A	100	0	100000	1.000
B	50	0	200000	1.000

[①] 除非特别说明,本教材所有实训数据均取自 162.105.29.4。下同。

表 1 - 2 - 2　　　　　　**5 级 A 情景第 8 期决策数据（例 1 - 1）**

0990 赛区——01 公司：陈冰（难度为 5 级，已模拟了 09 期）

企业 1 在第 8 期所做的决策

价格	市场 1	市场 2	市场 3	广告（k 元）
产品 A	2300	2300	2500	30
产品 B	5100	5100	5300	30
促销费（k 元）	20	20		

向市场供货量	市场 1	市场 2	市场 3	
产品 A	195	195	0	
产品 B	97	97	0	

生产安排 （产品数量）	第一班		第二班		研究开发 费用（k 元）
	正班	加班	正班	加班	
产品 A	260	130	0	0	0
产品 B	130	64	0	0	0

发展	新雇人数	辞退人数	买机器	买原材料（k 单位）	
	0	7	0	500	

财务 （k 元）	银行贷款	发债券	买国债	分红	工资系数（%）
	0	0	0	0	100

注：（k）代表以 1000 为单位。

如果把表 1 - 2 - 2 所示决策当作第 9 期决策执行。[①]

得到的利润结果如表 1 - 2 - 3 所示。

这个结果看起来很平凡：各个公司的利润都一样，与之前的差别也不大。但是：

如果我们把 A 产品的配送决策改为表 1 - 2 - 4 所示。

表 1 - 2 - 4　　　　　　**5 级 A 情景第 9 期 A 产品配送决策数据**

0990 赛区——01 公司：陈冰（难度为 5 级，已模拟了 09 期）

企业 1 在第 9 期所做的决策

向市场供货量	市场 1	市场 2	市场 3
产品 A	0	0	390
产品 B	97	97	0

再查看执行决策后的利润效果，参见表 1 - 2 - 5。

如此简单地修改决策后，利润居然提高了一倍还多！

通过配送决策的改动，我们想说明：

- 经营决策的重要性；

———————————

① 系统运行规则：无作为时默认执行上期决策。

表 1-2-3　　5 级 A 情景第 9 期无作为决策利润数据（例 1-1）

0990 赛区（难度为 5 级，已模拟了 09 期）

各公司各期利润历史数据列表

期数	公司1	公司2	公司3	公司4	公司5	公司6	公司7	公司8	公司9	公司10	公司11	公司12	公司13	公司14	公司15	公司16
1)	166025	166025	166025	166025	166025	166025	166025	166025	166025	166025	166025	166025	166025	166025	166025	166025
2)	162925	162925	162925	162925	162925	162925	162925	162925	162925	162925	162925	162925	162925	162925	162925	162925
3)	375554	375554	375554	375554	375554	375554	375554	375554	375554	375554	375554	375554	375554	375554	375554	375554
4)	334820	334820	334820	334820	334820	334820	334820	334820	334820	334820	334820	334820	334820	334820	334820	334820
5)	326896	326896	326896	326896	326896	326896	326896	326896	326896	326896	326896	326896	326896	326896	326896	326896
6)	349799	349799	349799	349799	349799	349799	349799	349799	349799	349799	349799	349799	349799	349799	349799	349799
7)	304932	304932	304932	304932	304932	304932	304932	304932	304932	304932	304932	304932	304932	304932	304932	304932
8)	275584	275584	275584	275584	275584	275584	275584	275584	275584	275584	275584	275584	275584	275584	275584	275584
9)	292247	292247	292247	292247	292247	292247	292247	292247	292247	292247	292247	292247	292247	292247	292247	292247

表 1-2-5　　第 9 期仅修改 1 公司 A 产品配送决策利润数据（例 1-2）

0990 赛区（难度为 5 级，已模拟了 09 期）

各公司各期利润历史数据列表

期数	公司1	公司2	公司3	公司4	公司5	公司6	公司7	公司8	公司9	公司10	公司11	公司12	公司13	公司14	公司15	公司16
8)	275584	275584	275584	275584	275584	275584	275584	275584	275584	275584	275584	275584	275584	275584	275584	275584
9)	652735	292247	292247	292247	292247	292247	292247	292247	292247	292247	292247	292247	292247	292247	292247	292247

- 资源利用的重要性；
- 市场营销的重要性；
- 决策者的重要性。

千言万语一句话：我们要用自己的辛勤劳动换回公司的优秀业绩。

二、自己动手

1. 分析前例中为何会有如此惊人的效果？
2. 尝试进行 B 产品的配送决策，反复进行，观察效果。并与 A 产品的配送效果进行对比，说明原因。提示我们发现决策重点的线索。

第二节　价格、广告和促销

一、价格

产品定价太高或太低都不好。如何定价，还是让我们从观察数据开始。

表 1 - 2 - 6　第 9 期仅修改 1 公司 A 产品配送决策产品状况（续前例）

0990 赛区——01 公司：陈冰（难度为 5 级，已模拟了 09 期）

第 9 期末企业的产品状况

产品	市场	上期预订	本期需求	本期销售	市场份额	下期订货	期末库存	废品
A	1	0	175	136	0.049	19	0	0
A	2	0	175	136	0.049	19	0	0
A	3	27	343	370	2.000	0	0	20

表 1 - 2 - 6 显示了上述决策效果在市场 1、市场 2 表现为供不应求。根据供求关系规律，如果我们适当提高价格，将有利于公司增加利润。如果我们把这两个市场的价格改为 2400，则：

表 1 - 2 - 7　第 9 期又修改 1 公司 A 产品价格决策利润数据（续例 1 - 2）

0990 赛区（难度为 5 级，已模拟了 09 期）

各公司各期利润历史数据列表

期数	公司1	公司2	公司3	公司4	公司5	公司6	公司7	公司8	公司9	公司10	公司11	公司12	公司13	公司14	公司15	公司16
9)	656978	292247	292247	292247	292247	292247	292247	292247	292247	292247	292247	292247	292247	292247	292247	292247

正像我们预想的那样，利润果然有所提升（与表 1 - 2 - 5 的 652735 相比）。

二、广告与促销

再观察上述决策的销售数量效果。

表 1 - 2 - 8　第 9 期又修改 1 公司 A 产品价格决策产品状况（续前例）

0990 赛区——01 公司：陈冰（难度为 5 级，已模拟了 09 期）

第 9 期末企业的产品状况

产品	市场	上期预订	本期需求	本期销售	市场份额	下期订货	期末库存	废品
A	1	0	127	127	0.046	0	9	0
A	2	0	127	127	0.046	0	9	0
A	3	27	343	370	2.000	0	0	20

与表 1 - 2 - 6 的销售数量对比，有所下降。

办法之一是提高广告强度。试把广告提高到 40。观察效果。

表 1 - 2 - 9　第 9 期又提高 1 公司 A 产品广告的产品状况（续前例）

0990 赛区——01 公司：陈冰（难度为 5 级，已模拟了 09 期）

第 9 期末企业的产品状况

产品	市场	上期预订	本期需求	本期销售	市场份额	下期订货	期末库存	废品
A	1	0	130	130	0.047	0	6	0
A	2	0	130	130	0.047	0	6	0
A	3	27	343	370	2.000	0	0	20

看起来提高了广告的确增加了销售数量，但进一步观察表 1 - 2 - 10。

表 1 - 2 - 10　第 9 期 1 公司提高广告后利润数据（续前例）

0990 赛区（难度为 5 级，已模拟了 09 期）

各公司各期利润历史数据列表

期数	公司1	公司2	公司3	公司4	公司5	公司6	公司7	公司8	公司9	公司10	公司11	公司12	公司13	公司14	公司15	公司16
9)	654630	292247	292247	292247	292247	292247	292247	292247	292247	292247	292247	292247	292247	292247	292247	292247

可是，销售数量增加利润反而下降了。冷静分析不难发现：广告虽有利于增加销售数量，但其本身作为费用是利润的负项。正负相抵，得看哪边较大。代数和为正，才能增加利润。按经济规律，广告效益应该符合边际效益递减。如果广告费支出超过了临界点，继续增加广告费，其总体效益为负。

促销的作用机制与广告相似。不同之处在于：

1. 广告以产品为对象，对某一产品在各个市场的销售起作用（跨市场）；促销以市场为空间，在某一市场中产生作用（跨产品）；

2. 广告有滞后作用，促销则不会滞后。

第三节　市场机制

关于市场机制，系统规则是这样说的："各市场对各种商品的需求与多种因素有关，符合基本的经济规律。对某公司的需求量依赖于该公司的决策及状况（包括对商品的定价、广告费、促销费用及市场份额等），也依赖于其他公司的决策及状况。同时，需求量也与整个市场的容量、经济发展水平、季节变动等因素有关。

"价格、广告和促销费的绝对值会影响需求，与其他公司比较的相对值也会影响需求。

"企业对产品的广告影响该产品在各个市场上的需求，可能有滞后作用。促销费包括营销人员费用等，企业在各市场的促销费影响它在该市场的各种产品的需求。

"企业的研发费、工人工资会影响产品的等级，等级高的产品可以较高的价格出售。

"模拟中发布的动态消息是对下期的经济环境、社会变革、自然现象等突发事件的预测，事件是否真正发生以及将造成多大影响都具有随机性，决策者要有风险意识。"

上述表述概括全面。为了便于理解，下面借助数学模型（算法）对市场需求做一个较直观的说明。

首先定义营销价格（广义的价格）为包括决策表中的价格、广告和促销三个自变量的函数值。

那么市场的本期需求总量可以看作是各公司平均营销价格的函数，符合需求规律。

如果自己公司（或任一公司）的营销价格与平均营销价格相等，则可享受到平均的市场份额。

如果自己公司（或任一公司）的营销价格高于（或低于）平均营销价格，则（一次）分配到的份额就会低于（或高于）平均的市场份额。

当然更全面而长远的考虑是应该在上述模型的基础上综合考虑产品等级、工资系数、产品寿命周期、其他公司的决策（二次分配①）以及突发事件，等等。

实践课题：反复调整营销决策，找到最佳方案，体会各项营销决策参数的作用机制。

综合以上方案对比，可以归纳（短期）② 营销决策要领如下：

1. 首先保证各市场上配置有数量均衡的产品。

2. 安排较为恰当的广告和促销。

3. 根据历史销售效果和对未来的判断，制定每个市场的价格。

通过本章的学习，我们初步体会了决策的重要性，也看到了决策的效果。实际上，营销决策只是整个经营决策的一个中间环节。一般而言，一个完整的经营决策应该从"生产排班"开始。这就是我们下一章的内容。

---

① 规则："某公司不能满足的需求，除了转为下期订货，其余的可能变为对其他公司的需求。"
② 这里"短期"是指不改变产品的总运送量和研发等级。

第三章　生产排班

生产部门是公司的主力军。负责为营销部门提供尽量多的适销对路的产品。

第一节　决策目标

一、决策目标

生产排班的决策目标包括：

1. 生产出尽量多的产品；本模拟系统设置的经营环境，在开始阶段各公司的规模较小，远远没有达到"供过于求"的水平，由于生产能力有限，公司生产出的产品都可以"有利可图"地销售出去。所以，在产能有限的情况下，企业应该尽力挖掘生产潜能，生产出尽量多的产品。

2. 产品结构尽量符合市场需求；

3. 产品生产成本尽量降低；

4. 其他。

应该指出的是，任何一个生产方案都很难同时满足上述所有目标。更经常的情况是有所取舍，有所侧重。

还应该注意的是，决策方案的长远效果和当前效果经常是不一致的。也需要综合考虑。

上述两组矛盾是经常存在的。有所取舍、有所侧重是必须的。这丝毫不能影响我们制定决策的认真程度。如果因为最终要放弃某些追求，而从一开始就不认真研究各种影响因素的关系，直接拍脑瓜定决策，那一定是效果很差的。

换句话说，我们的决策方案出台的时候，作为决策者，我们一定要非常明白：本方案的优势在哪里，薄弱环节在哪里，忍受了哪些损失，获得了哪些收益；本方案是更加侧重长远还是目前，还是都照顾得很好，等等。

二、衡量标准

1. 产能利用最大。

由于产品结构可以不同，所以数量最多的决策目标我们用机器和工人的利用率来衡量。当机器和工人的利用率等于或接近100％时，我们就可以认为产量达到了最多，否则认为没有达到最多。

2. 结构合理。

主要指考虑到市场需求的前提下配送到市场的产品结构合理。用边际效益的理论分析：在产量已经最大化的基础上，任何一种产品增加一个单位，其他产品减少相应数量，都不会为公司带来更大利润，这样的产品结构就是最合理的结构。

3. 生产成本最低。

生产规划千变万化，不同的方案会产生不同的成本。完全成本涉及的项目非常多，截至目前至少涉及到：原材料、工人、机器、管理费用、研发费用、存储费用、运输费用、广告促销，等等。每个成本项目性质各异，例如，原材料基本是直接进入成本；工人又分为基本工资、加班工资、培训费、退休安置费等，这些子项间计入本期成本的方法差异巨大；机器分为折旧费、维修费和资金占用产生的财务费用，其中折旧费、维修费单位时间费率又与机器实际工作时间成反比；研发费用属于前期投入，长期享受，其摊销到成本中的方法更加特殊；等等。

完全成本的计算非常复杂，成本会计中通常将之归纳为若干个典型模型。为了简化实用，我们可以分别研究不同的成本项目，找到其对单位产品成本的影响关系，提出降低成本的思路和标准。例如，如果简单地以原材料、工资和机器折旧费维修费为主研究成本，就会简单许多。其他项目可以采用一些比较间接的方法研究。[①]

第二节　生产排班

生产排班规划（决策）是本课程最基本的环节，也是一个很有意思的运筹规划问题。

根据规则，车间的工作时间分为四个时间段：一班正班、一班加班、二班正班、二班加班（简称一正、一加、二正、二加）。经过认真分析，我们把一正称为"黄金时间段"，一加称为"利用时间段"，二正称为"白银时间段"，二加称为"白得时间段"。简单地说明理由：一正的工资水平最低，二正极大地延长了机器工作时间，二加进一步延长了机器工作时间也没有增加机器的工作成本，一加与二班冲突，经常只能放弃，只在某些特殊情况可以巧妙利用。

根据上述分析，我们应该尽量充分利用早6点到凌晨两点的连续20个小时，让机器最充分地工作，以达到增加产量的目的。

下面仍以0990赛区——01公司为例。现在我们来研究该公司第9期生产决策。先看有关资源情况。

---

① 详见本篇第七章。

表 1 - 3 - 1　　　　　　　　公司期初资源状况

0990 赛区——01 公司：陈冰（难度为 5 级，已模拟了 08 期）

第 8 期末企业的状况（数值及名次）

工人数	=	200	1
机器数	=	100	1
原材料	=	1236000	1
现　金	=	4262959	1
累积折旧	=	1600000	1
银行信用额度	=	8000000	1
国　债	=	0	1
债　券	=	600000	1
累计研发费	=	300000	1
本期利润	=	275584	1
本期交税	=	82675	1
累计交税	=	728726	1
交税信用	=	0	1
累计分红	=	0	1
净资产	=	7871998	1
人均利润率	=	1331.32	1
资本利润率	=	0.0325	1
综合评分	=	0.000	1

公司期初产品状况参见本篇第二章表 1 - 2 - 1。

表 1 - 3 - 2　　　　　　生产单个产品所需要的资源①

	产品 A	产品 B
机　器（时）	100	200
人　力（时）	150	250
原材料（单位）	300	1500

根据该公司该期上述实际情况，我们可以把生产决策目标归纳为：

如何生产出最多的 B 产品。

按照上述关于时间段的分析，我们可以按照一正、二正、二加、一加的顺序进行安排。

————————

① 参见该赛区该公司"规则"。

1. 一班正班：

100 台机器全部投入生产，共可产出 B 产品 = 100 × 520/200 = 260（个）

260 个 B 产品需要工人 = 260 × 250/520 = 125（人）

2. 二班正班：

可在二班工作的个人数 = 200 − 125 = 75（人）

这些工人可以在二班正班产出 B 产品 = 75 × 520/250 = 156（个）

3. 二班加班：

有个最简单的算法，二班加班产量是二班正班产量的一半，即 78 个。

4. 最后考虑一班加班：

二班实际使用的机器 = 156 × 200/520 = 1560/26 = 60（台）

二班未能利用的机器 = 100 − 60 = 40（台）

42 台机器在一班正班可产出 B 产品 = 40 × 260/200 = 52（个）

5. 合计：

四个班次总产出 = 260 + 156 + 78 + 52 = 546（个）

考虑到"规则"中"人员招聘、退休与解聘"中"企业可以在每期期初招聘工人，但招收人数不得超过当期期初工人总数的 50.0%。本期决策招收的新工人在本期为培训期。培训期间新工人的作用和工资相当于正式工人的 25.0%。经过一期培训后，新工人成为熟练工人。企业每期有 3.0% 的工人正常退休。"我们应该安排 6（200 × 3.0%）名工人退休，同时最多可招聘 100 名新工人。这 100 名新工人在第 9 期相当于 25 名正式工人。这样，在第 9 期实际可工作的工人为 200 − 6 + 25 = 219（人）。则其产量为：

1. 一班正班满负荷运行，没有变化。

2. 二班正班：

可在二班工作的个人数 = 219 − 125 = 94（人）

这些工人可以在二班正班产出 B 产品 = 94 × 520/250 = 195（个）

3. 二班加班：

按上述最简单的算法，二班加班产量是二班正班产量的一半取整，即 97 个。

4. 最后考虑一班加班：

二班实际使用的机器 = 195 × 200/520 = 1950/26 = 75（台）

二班未能利用的机器 = 100 − 75 = 25（台）

25 台机器在一班加班可产出 B 产品 = 25 × 260/200 = 32（个）

5. 合计：

四个班次总产出 = 260 + 195 + 97 + 32 = 584（个）

完成了上述生产排班规划的核心部分后，不要忘了验算一下其他配套的资源，如果不足要及时补充。

原材料：584 个 B 产品需要原材料 = 584 × 1500 = 876000

小于仓库中的原材料 1236000

所以，本期可不购买原材料。

现金：请同学们自行验算。

实际情况千变万化，我们只要在学习规则的基础上，任意选一个起点（生产排班方案），然后用上述衡量标准判断、改进，直到产量不能再增加，遂告一段落。

当然，随着决策经验的积累，我们所选的起点会越来越逼近最优点，改进速度也会加快。

生产规划完成后，紧接着做配送规划。

根据表 1-2-1 所示的库存和生产规划，A 产品工厂库存 100 个直接配送到第 3 市场。

产品 B 的可运出量为 = 50 + 584 × 75% = 488（个）

可考虑按 3、3、4 的比例配送到三个市场。488 × 0.3 = 146。考虑到期初各市场的库存和订货，实际可往第 1、2 市场各配送 140 个，往第 3 市场配送 488 - 280 = 208（个）。

根据以上计算得到该公司第 9 期决策如表 1-3-3 所示。

表 1-3-3　　0990 赛区——01 公司：陈冰在第 9 期的生产与营销决策

价格	市场1	市场2	市场3	广告（k 元）
产品 A	2400	2400	3000	30
产品 B	5100	5100	5300	40
促销费（k 元）	20	20	30	
向市场供货量	市场1	市场2	市场3	
产品 A	0	0	100	
产品 B	140	140	208	

生产安排	第一班		第二班		研究开发
（产品数量）	正班	加班	正班	加班	费用（k 元）
产品 A	0	0	0	0	0
产品 B	260	32	195	97	0

发展	新雇人数	辞退人数	买机器	买原材料（k 单位）	
	100	6	0	0	

财务	银行贷款	发债券	买国债	分红	工资系数（%）
（k 元）	0	0	0	0	100

按表 1-3-3 所示决策提交并执行后，得到的反馈数据（利润）如表 1-3-4 所示。

表 1-3-4　　　　第 9 期生产排班改进以后的利润表

0990 赛区（难度为 5 级，已模拟了 09 期）

各公司第 8、9 期利润历史数据列表

期数	公司1	公司2	公司3	公司4	公司5	公司6	公司7	公司8	公司9	公司10	公司11	公司12	公司13	公司14	公司15	公司16
8）	275584	275584	275584	275584	275584	275584	275584	275584	275584	275584	275584	275584	275584	275584	275584	275584
9）	884202	292247	292247	292247	292247	292247	292247	292247	292247	292247	292247	292247	292247	292247	292247	292247

将表 1 – 3 – 4 第 9 期的利润与仅仅改进营销决策的表 1 – 2 – 7 中第 9 期的利润（656978）相比，又有了大幅度的提高。至此，我们实现了从 292247 到 656978 再到884202 的三级跳。从 292247 到 656978 是从挖掘市场资源入手获得的；从 656978 再到 884202 是从挖掘生产资源入手获得的。

下一章我们将着手挖掘财务资源的潜力。

第四章 投资及其节奏

第一节 投资及其分类

一、投资

投资指的是特定经济主体为了在未来可预见的时期内获得收益或是资金增值，在一定时期内，向一定领域的标的物投放足够数额的资金或实物的货币等价物的经济行为。泛指为达到一定目的而投入的钱财。这里特指把资金投入企业的基本建设。

二、投资的种类

投资包括固定资产投资和无形资产投资。其中固定资产投资主要是购买机器；无形资产投资主要是研发产品。

三、财务资源

投资需要财务资源。在这里，财务资源包括现金、银行贷款和债券。这些将在下一章详细讨论。

第二节 机器与工人数量的增长

机器和工人是最重要、最基本的生产力，是企业扩大产量占领市场的主要手段。因此，若配比适当，机器和工人越多，则生产能力越强。从根本上说，哪个公司的机器数量多，哪个公司取胜的概率就高。

但是机器和工人的增长都受到一些条件的限制①。

工人增加的绝对限制条件是"企业在每期期初招聘工人人数不得超过当期期初工人

---

① 绝不是市场容量的限制。

总数的 50.0%。本期决策招收的新工人在本期为培训期。培训期间新工人的作用和工资相当于正式工人的 25.0%。经过一期培训后，新工人成为熟练工人。企业每期有 3.0% 的工人正常退休"。[①] 这样，第 9 期最多可以增加的工人（当量）为 $200 \times 50\% \times 25\% - 200 \times 3\% = 25 - 6 = 19$（人）。同时因为"新工人成为熟练工人"，第 10 期将直接增加 75（当量）工人。

机器增加的绝对限制条件是财务资源。相对限制条件是工人数量。在我们刚刚接手的第 9 期，财务资源比较充分，但工人往往不足，所以"天花板"是工人数量。随着时间的推移，机器大量增加，财务资源很快变得紧缺，就要重点考虑财务资源这个约束条件了。

由于"购买机器需要在本期末付款，下期运输安装，再一期才能使用，使用时才计算折旧"。[②] 所以我们在规划第 9 期的机器购买数量时，要考虑的是第 11 期机器与工人数量的配合。这样，机器的增长就与工人的增长密切相关。而到第 11 期以后，重点是要根据财务资源决定机器的购买数量。

第 9 期购买机器数量的决策过程可分为以下几个步骤：

（1）计算第 11 期工人数量；

（2）按第 11 期工人数规划生产排班，看需要多少机器；

（3）计算应该购买多少台机器；

（4）验算财务资源是否满足。

按照最大可能招聘工人的策略，下面演示具体的决策过程。

1. 计算第 11 期工人数量。

第 9 期末工人（最多）数量 $= 200 \times (1 + 50\% - 3\%) = 296$（人）

第 10 期末工人（最多）数量 $= 296 \times (1 + 50\% - 3\%) = 435$（人）

第 11 期末工人（最少）数量 $= 435 \times (1 - 3\%) = 422$（人）

第 11 期初工人（当量最多）数量 $= 435 \times (1 + 50\% \times 25\% - 3\%) = 422 + 54.25 = 476.25$（人）

2. 按第 11 期工人数规划生产排班，看需要多少机器。

遵循产量最大和生产成本最低两大原则，我们安排一班正班全部生产产品 A；二班正班和加班都生产产品 B。[③] 具体计算如下。

首先计算两班工人人数的比例 $= (150/100) : (250/200) = 1.5 : 1.25 = 1.2$

第一班应安排工人 $= 422(476.25) \times 1.2/2.2 = 230(259.75)$（人）[④]

第二班应安排工人 $= 422(476.25) \times 1/2.2 = 191.75(216.25)$（人）

实际新招聘工人人数以及两班工人人数可在括号内外之间权衡其他因素确定。其他因素在这里主要涉及前后各期的均衡发展等。

根据工人数计算一班正班生产产品 A 数量 $= 230(259.75) \times 520/150 = 797(900)$（个）

---

①② 参见《规则》。

③ 请同学们结合决策方案分析这样安排是否符合产量最大和生产成本最低两大原则？为什么？

④ 括号内外分别为最小值和最大值。

根据工人数计算二班正班生产产品 B 数量 = 191.75(216.25) × 520/250 = 398(449)（个）

根据二班正班推算二班加班生产产品 B 数量 = 398(449)/2 = 199(224)（个）

假设我们综合考虑了各方面因素后仍然决定按最高速度增加机器，则：

第 11 期第一班需要机器数 = 900 × 100/520 = 173（台）

第 11 期第二班需要机器数 = 449 × 200/520 = 172（台）

取两者较小，计算增加数 = 172 − 100 = 72（台）

即第 11 期按"一班正班全部生产产品 A；二班正班和加班都生产产品 B"的方式排班，在第 9 期最多应购买机器 72 台。

第三节　产品等级的提升

产品等级的提升是另一种投资，属于无形资产投资。如果把效益比作长方形，则可以把机器数量看作长，产品等级看作宽。[①]

所以我们面对的第一个问题是：如何把有限的财务资源分配到增加机器数量和产品等级的提升上。

分析两种投资对效益的影响。机器数量增加基本是正比，并带有边际效益递减（因为市场饱和度）；产品等级的提升，从发挥作用的时间来说，也是边际效益递减的。两者都是越早到位越好。

在实际工作中，我们总是推荐用长远眼光看问题。在这里我们推荐大家根据财务资源的现状和发展趋势，从第 9 期就制定长远的规划，包括机器数量的增加和产品等级的提升。如果我们准备最终把产品 A、B 的等级提升到 4 级；产品 C、D 的等级提升到 5 级（高端产品通常对等级更敏感一些），就应该从第 9 期开始连续投资所有产品等级的提升，直至达到规划的目标为止。这样做的好处是"享受"最长时间的高等级产品。

通过本章学习我们知道：投资产生的效益要用比较长的时间才能显现，其产生效益的时间也很长远。从这个角度而言，我们把投资决策称为战略性决策。

一般而言，我们都追求通过扩大投资增强企业实力从而取得竞争优势，为此我们就需要充分挖掘企业的财务资源潜力。下一章我们就一起研究这个问题。

---

① 记得当年的考试题是：周长相等的矩形，哪个面积最大？

第五章 筹资策略

第一节 筹资及其种类

一、筹资

企业筹资是指企业根据生产经营等活动对资金的需要，通过一定的渠道，采取适当的方式，获取所需资金的一种行为。

二、筹资的种类

在这里，筹资主要包括企业债券和银行贷款。根据还款的期限长短，债券可看作是长期筹资，银行贷款可看作是短期筹资。

三、现金流及其控制

企业管理推崇的"零库存"包括库存现金。其目的是减少资金占用产生的利息费用。在这里还可能包括融资"额度"的节省。

现金余额是现金流控制的重要指标。我们通过编制现金收支预算表控制现金流。表1-1-1展示的是事后的现金收支明细表。如果我们在事前就编制出这张表，就成为"现金收支预算表"①。"现金收支预算表"中，现金余额为"负"表示现金断流；余额为"正"表示现金积压。现金断流将对企业造成不同程度的损失，甚至导致企业破产，所以我们通常都采取"宁正不负"的态度，同时把"正"控制到最小，也称为"贴零"。

当然，现金余额是时刻变化的，我们只能选择最低点为控制点。把表1-1-1中余额栏的数据做成折线图如图1-5-1所示，可以发现每期的现金余额变化有两个"最低点"，第一个最低点在获得销售收入前；第二个最低点在期末。这两个点就是我们特别需要关注的控制点。其中控制点1尤其需要财务经理重视。

---

① 我们将在第二篇介绍"现金收支预算表"的编制方法。

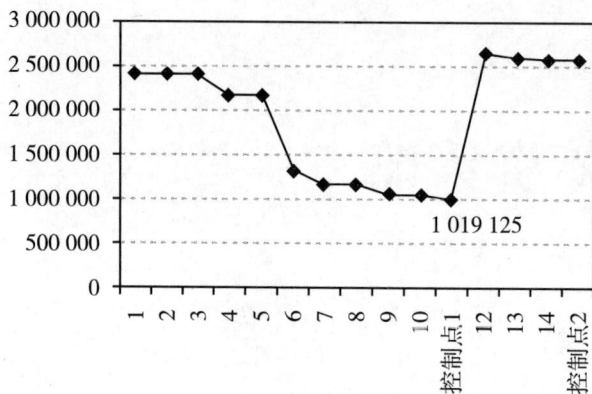

图 1 – 5 – 1 990 赛区第一公司第 1 期现金余额折线示意

第二节 融资方式的选择

一、从财务原理上看

债券是一种长期融资方式，适用于满足战略性资金需求。如购买机器、产品研发、招聘新工人等开支，较适合于发行债券。

银行贷款则必须在本期末归还，属于短期筹资手段。如购买原材料、支付工资费用等较适合于银行贷款。

二、对现金余额的影响

发行债券可同时提高图 1 – 5 – 1 所示两个控制点的现金余额；银行贷款则只能提高第一个控制点的余额，不能提高期末余额。

三、实务

从最大限度发挥财务资源的效率角度，可考虑：

1. 首先，使用积压的现金；
2. 其次，使用全部债券额度；
3. 再次，使用大部分银行贷款额度；
4. 再其次，使用随时产生的债券额度，必要时辅之以保留的银行贷款额度；
5. 最后，用分红等手段发挥各种剩余财务资源的作用。

第三节 其他

发行债券和银行贷款都是为了在提高投资规模的过程中保证企业现金流的安全。当这两种筹资手段使用殆尽后，企业现金流的安全实际上就处在风险中，因此我们手中应保留一支"预备队"。这支预备队的构成，以保留 1/4 ~ 1/3 银行贷款额度为宜。这样虽然融资成本略高，但有利于保证更快的发展速度。

如果预备队用完了，或者预留不足，我们还应该掌握一些应急的财务策略，以备我们面对现金断流的危机情况下使用。

首先是减少直至完全停止广告和促销费用的支付。此时注意要相应地降低价格，以保证销售数量，当然利润会受到对应的影响。

其次是从二班加降低产量，从而降低原材料采购和加班费的支付。这属于通过收缩产量让企业渡过难关。

除了降低产量外，还可考虑调整产品结构，多生产劳动密集型产品（如 A、B），少生产 D 产品和 C 产品，仅仅依靠减少原材料采购渡过难关。

如果能在更早一期发现现金断流的威胁，可提前购买原材料，也能达到"拆东墙补西墙"的效果。

诸如此类的腾挪，虽说是处理危机的特殊手段，但是如果我们能够较熟练地掌握，即可保证我们临危不乱，还可在必要时敢于放手一搏，争取更大胜利。

至此，我们已经对企业的三个最主要方面的生产、营销和财务有了初步的了解。下面我们就可以把各个方面综合起来，往企业的长远发展考虑。这就是企业战略。

第六章 战略及实现

第一节 战略阶段

企业的终极目标是通过服务社会取得回报，即获取最大利润。为实现此目标，企业在自身生命周期中的不同阶段会确定不同的经营策略，这种阶段就是企业的战略阶段。

在本模拟企业中，我们可考虑把整个 8（或 10）期分为三个战略阶段：扩张阶段、稳定阶段和决胜阶段，并根据各战略阶段的特点和目标制订相应的方案，以保证企业终极目标的实现。

如果我们把自己开始接手经营企业的那期叫做"第一期"，则前三期大致就是扩张阶段；最后两期可看作决胜阶段；中间的若干期为稳定阶段。

由扩张阶段之名，可以看出本阶段的主要特征为扩张。

第二节 扩张阶段

本阶段的策略要点是充分挖掘原管理团队留下来的资源中蕴含的潜力。具体表现在大规模地提高生产力、进行市场开拓和产品研发，这几项都属于战略性决策，会产生重大而深远的影响。其中购买机器和产品研发将在未来较长时间产生投资效益。投资越早，收回期就越长，效益将会越大。

我们接手的公司，都有较为宽裕的财务资源（现金、发行债券的额度和银行贷款的额度）。充分利用这些资源，在第一时间进行最大规模的战略投资，就占据了战略制高点，也就把握了取胜的先机。

某种意义上说，扩张阶段可以看作是新管理团队的"再创业"阶段。在本阶段需要注意两个问题：

（1）购买机器和产品研发之间的协调。

（2）基本投资和配套资金的协调。

一、第一期决策要领——四大潜力

通常情况下，我们接手的公司都有很大潜力。这正是我们发挥作用提高效益的良机。

在第一期，我们尤其要注意向产能、市场容量和财务资源这三个重要空间挖掘潜力。

（一）产能

大家通常用机器数量衡量产能，实际上更准确的衡量方法是用有效的机器工作小时衡量。在我们接手公司的前两期，我们的决策无法改变当时使用的机器数量，但我们可以改变有效的机器工作小时。

注意观察历史决策并结合规则，我们可以发现原有决策是将所有的生产活动安排在一班正班和一班加班。这样做的好处是工人工资成本比较低，且便于管理。但这种安排实际上造成了巨大的产能浪费。

根据规则可知：每期（季度）每个正班有 520 小时，每个加班有 260 小时。那么，一班正班和一班加班共有 780 小时。如果改成一班正班、二班正班和二班加班，则共有 1300 小时，整整提高了 66.7% 的工作时间。另外，机器的使用费用只与自然时间有关，而与班次安排无关，所以这种提高丝毫没有增加机器的使用费用。换句话说，相当于无偿增加了 2/3 的机器，潜力不可谓不大。

机器是产能的重要核心要素，但还不是全部。必须要有相应的工人配备，机器才能全马力开动起来。根据规则："企业可以在每期期初招聘工人，但招收人数不得超过当期期初工人总数的 50.0%。本期决策招收的新工人在本期为培训期。培训期间新工人的作用和工资相当于正式工人的 25.0%。"我们在第一期有效工人的最大增长率是 9.5%，与上述的有效机器工作小时的增长幅度差距很大。这就是所谓的改革中的问题。相对而言，难度等级较高的情景比较容易解决这个问题。只需要研发一种技术（机器）密集型产品（例如，D 或 C），并安排较大比例的产品结构，也就可以做到把全部机器都开动起来了。

如果是在难度等级较低的情景中，则可以采用逐步从一班制向两班制过渡的办法协调两者的矛盾。如果一时无法达到"最佳"点，也不用过分慌张。无论如何，大家都在相同的情景中竞争，你如果真正尽到最大努力了，相信能超过你的人也就不会多了。即使有所超越，幅度也不会太大。况且，你也可以学到新的技巧，提高自己。

当然，还应注意到，与班次调整对应的工人工资的开支将会有明显的增加。具体增加幅度不妨自己算一算。

另外，管理费用的支出也有所增加。

更重要的是：两班运行比单班运行在运筹方面需要考虑的因素复杂得多。如果把这些也看作是增加的投入，那我们恰恰是为这种投入而来的。

（二）市场容量

我们接手的公司往往还没有进入最远的一或两个市场。

市场学常识告诉我们：每个市场都有自己的需求曲线。需求数量主要取决于市场价格[①]。根据供应曲线，当供应数量较小时，则可要求较高的市场价格。

[①]　当然另外还受产品寿命周期、季节以及供应商的促销手段和产品广告影响。这些在此暂不讨论。

因此，当我们的供应量①一定时，进入更多的市场，则每个市场配送的数量将较小，有利于享受较高的价格。

当然，每个市场都有自己的固定运费，远方市场还要更高一些。这就是所谓的进入门槛。按理说应先行分析进入新市场的投入产出效益，再行决定。

（三）财务资源

我们接手的公司往往还有大量的现金结余，另外还会有更多的债券以及银行贷款额度，这些都是尚未利用的财务资源。

根据财务学原理，资产负债表（左侧）各种资产形态的获利能力是自上而下递增的。换言之，现金的获利能力几乎为零②，而非流动资产的获利能力最高③。

把这些沉淀的财务资源动员出来，进行大规模的战略投资（购买机器和产品研发），将会让我们的企业在未来很长时间内拥有战略优势。通常，第一期购买机器的数量可以接近原有的数量。

（四）产品资源

在较高难度级别的竞争中，会有一或两个产品尚未研发。只有开发这些产品，才可能进入对这些产品有需求的市场，从而获得新的利润增长点，同时减轻老产品市场中的压力，分担风险。

在接手第一期，机器生产能力以 67% 的幅度提高，工人则最多提高 9.5%。由于新产品通常是技术（机器耗费）密集型产品，此时进行新产品研发，更有其突出的战术价值④。

二、第二期决策要领——过渡技巧

（一）平衡

企业的资源有多种，相互间的平衡将使其发挥最大效益。有人将其形象地比喻为"制作木桶的板条"。这里首先讨论机器与工人间的平衡，这是当前的主要矛盾。

在第二期决策中，不仅仅要考虑本期的平衡，更多的可能是需要考虑下一期的平衡，因为下一期将有大量的机器"涌入"厂房。如果现在（包括第一期）不预作准备，将会措手不及。

之所以把前三期合并为一个"阶段"，主要是因为第三期新机器才能到位。而第三期到位的机器，无论从绝对数量还是相对数量上看，可能都是最大的——在整个竞争中各期增加的机器数量中。

---

① 受生产量的限制。

② 现金是企业价值运行的重要媒介，有人称之为"血液"，其重要性自不待言。

③ 收益与风险对称原理也给出同一结论，请同学们自行验证。

④ 可以吸收多余的机器机时，而只需要配合较少的工人。

（二）工人

按照规则，机器的增长节奏和工人的增长节奏有很大差距。图1-6-1是某实战案例。

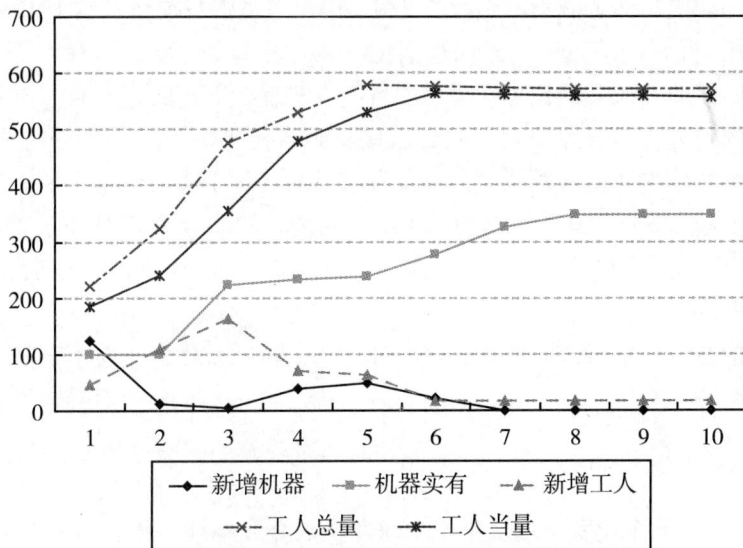

图1-6-1　机器增长与工人增长关系示意

本期的有效工人数，最大可为：

本期最大有效工人数＝期初工人数×（1＋0.5×0.25－0.03）

下期的有效工人数，最大可为：

下期最大有效工人数＝本期初工人数×1.47×（1＋0.5×0.25－0.03）

按照上面的最大增长速率，为了保持机器与工人的平衡，可从第三期的生产计划入手。如果工人足够，则可在保证第三期平衡的基础上，让第一期和第二期的不平衡减少到最低。如果按最快速率增加工人仍无法保证第三期的平衡，则应在第一期就适当减少机器的增长数量，以免因不平衡造成浪费。

（三）压货

该操作技巧开创自"一休"团队，需要较强的市场驾驭能力。

具体操作为：第一期生产ABD（或ABC），并在第一期通过调高价格适当压存D（或C）。第二期生产ABC（或ABD），[①] 并全面清空所有库存[②]。

上述技巧说来简单，但要做好相当不易。先让我们来分析其效益。

通常情况，每期都应力争"双零"。

所谓"双零"是指如表1-1-3"期末产品状况"中的"下期订货"和"期末库存"

---

① 或第一期生产ABCD，并适当市场库存C或D，第二期生产ABD或ABC。

② 可销售部分。

两栏都为零①。

"双零"是基于加速资金周转、节约库存费用、均衡市场压力等方面的考虑所设定的追求目标。

但第一、二两期的情况属于非常时期，不适用"通常情况"的一般原则。

首先，第一期机器加工能力突然增长 2/3，但工人最多只能增长约 1/10。相对富裕的机器能力只能用"机器密集型"② 产品来消化。

其次，第二期的工人又陡长 50%③，产品结构的重心重新回到 AB。

最后，从固定运费和管理费角度看，区区百余台机器的产能，铺开分布到 4 种产品上，可能会增加总成本。适当地减少产品品种，反而有利于降低成本。

因此，第一期生产 ABD，并有意提高 D 产品的价格，保存部分产品到第二期销售；第二期生产 ABC，配合第一期市场压存的 D 产品和厂存的 D 产品，全面销售力争"双零"。就能取得更好的经营效益④。

应该注意的是，这里所说的压货，是特殊时期的特殊操作，是在不平衡中寻求平衡的一个过程。是一种权变。

（四）利息

按照规则："如果企业所留现金小于本期期初现金或本期费用，这意味着经营的连续性不佳，其标准分将适当下调。"按照一般的运营规律，每期末都应该留有相当的现金库存以保证下期正常经营的需要。

从另一方面看，库存现金必然消耗相应的财务费用。如能节约，何乐不为？

在企业经营过程中，财务总监可以有很多机会为企业"创造"⑤ 价值。第二期末就会出现这样一个绝好的机会。请先观察表 1 – 6 – 1。

表 1 – 6 – 1 中现金的余额，包括收入前余额和期末余额，都符合通常要求，似乎已经做到很好了。为了对比挖掘潜力的效果，我们先记下本方案的债券利息合计为：1154972（元）。

同样观察表 1 – 6 – 2 的利息合计，债券利息为：1056427（元）。

两者差额：1154972 – 1056427 ≈ 10（万元）。

再仔细观察，就会发现，两方案的差额主要表现在第二期和第三期：各差约 5 万元。

再仔细考察两方案的区别。表 1 – 6 – 2 的方案比前方案第一期少买机器 33 台，第二期多买 33 台，第四期少买 2 台，第五期少买 4 台，第六期多买 6 台。总共差距是 41 台期，合计债券利息差额为：41 × 80000 × 2% = 65600（元）。

---

① "零"在这里是一种观念，可理解为最低。

② 分析 A、B、C、D 四种产品的工人工时与机器工时的比例，可发现 A、B 产品为劳动密集型产品；C、D 产品为机器密集型或技术密集型产品。

③ 相对第零期。

④ 精益求精：如第一期压存的 D 产品集于 3、4 市场，第二期只往 1、2 市场运送 D 产品，更能节约可观的固定运费。当然，如此安排对市场操作的要求更高了。

⑤ 通过开源节流。

表1-6-1

原筹资与投资方案

自营期数	零	一	二	三	四	五	六	七	八	九	合计
银行贷款	0	0	0	2650000	0	1160000	900000	1570000	0	0	6280000
发行债券		5435199	0	626080	440000	1716161	1185844	1349357	0	2396112	13148753
部分债券本	50000	50000	321759	321759	353063	375063	460871	520163	587630	587630	3627938
债券息	13000	12000	119703	113267	119353	121091	147912	162411	178994	167241	1154972
培训费	3000	23000	55000	81000	35000	31500	8000	8000	8000	8000	
退休费	6000	6000	7000	10000	15000	16000	18000	18000	19000	17000	
基本工资	273780	289380	375180	608322	970398	1076361	1143792	1139736	1133652	1131624	
机器维护费	20000	20000	34000	44600	46800	47600	55600	63600	68000	68000	
购原材料	500000	0	350000	3580000	0	3504000	1000000	4360000	2000000	4690000	
折扣	0	0	-7000	-214800	0	-210240	-20000	-261600	-120000	-281400	
购材料运费	15000		12000	76600	5000	75080	25000	92200	45000	98800	
特殊班工资	129600	119520	135090	293304	370864	392600	454584	493792	524160	524160	
研发费用		1050000	200000	100000		0	0	0	0	0	
管理费	12000	42000	42000	44000	44000	44000	44000	44000	44000	44000	
运输费	155400	408350	427675	697600	782350	782875	868975	995850	1085175	1098075	
广告费	35000	63000	72000	129000	156000	155000	175000	203000	218000	218000	
促销费	60000	60000	70000	126000	154000	154000	174000	200000	216000	216000	
成品存储费											
当前余额	4528408	9522883	342247	-1213	8157	-1950	5632	6361	284009	1650688	
总期数	8	9	10	11	12	13	14	15	16	17	
销售收入	1879250	3073307	3447606	6249207	7600909	7573472	8480972	10703534	10624819	11179510	
废品损失	40180	65709	73711	133610	162509	26879	25584	25830	18717	19694	
原材料存储费	63700	46457	17797	49895	45430	43835	59150	71507	85160	95995	
成品存储费	5180	7000	9210	16100	21910	22590	26500	28650	31670	34470	
上期国债本息		0	0	2683125	0	1174500	911250	1589625	0	0	6358500
银行贷款本息	0	0	0	0	0	0	0	0	0	0	
税金	67665	80370	75776	425279	492398	628196	577964	1002663	791525	930837	
买机器			880000	320000							
分红											
买国债	9840000	9840000	320000	3200000	3200000	3200000	1760000	1700000	2140050	2516708	
费用合计	1628640	2775639	3173954	4888896	5777210	5457060	6360363	7251567	7813244	8013365	
现金	6230934	2556654	2733359	2619985	3686819	2475522	5126156	6291620	7841706	9232494	6356758

表 1－6－2

调整后筹资与投资方案

自营期数	零	一	二	三	四	五	六	七	八	九	合计
银行贷款		2735199	0	2300000	300000	1730000	1150000	2340000	0	0	7820000
发行债券	50000	50000	186759	3171080	493315	1540096	1180759	1335468	634338	1082792	12173047
部分债券本	13000	12000	65703	186759	345313	369978	446982	506019	572792	604508	3269110
债券息	3000	23000	55000	61967	121653	124613	148015	162690	179278	180508	1055427
培训费		3000		81000	35000	31500	8000	8000	8000	8000	
退休费	6000	6000	7000	10000	15000	16000	18000	18000	19000	17000	
基本工资	273780	289380	375180	608322	970398	1076361	1143792	1139736	1133652	1131624	
机器维护费	20000	20000	34000	38000	46800	47600	55200	62400	68000	68000	
购原材料	500000	0	350000	3580000	0	3504000	1000000	4360000	2000000	4690000	
折扣	0	0	-7000	-214800	0	-210240	-20000	-261600	-120000	-281400	
购材料运费	15000	15000	12000	76600	5000	75080	25000	92200	45000	98800	
特殊班工资	129600	119520	135090	249216	370864	392600	449904	485680	524160	524160	
研发费用	1050000	1050000	200000	100000	0	0	0	0	0	0	
管理费	12000	42000	42000	44000	44000	44000	44000	44000	44000	44000	
运输费	155400	408350	427675	637800	762225	782875	867825	985500	1080575	1098075	
广告费	35000	63000	72000	110000	150000	155000	173000	199000	217000	218000	
促销费	60000	60000	70000	110000	150000	154000	170000	196000	216000	216000	
当前余额	4528408	6822883	471247	-5	2035	1282	753	8768	-421	3438	
总期数	8	9	10	11	12	13	14	15	16	17	
销售收入	1879250	3073307	3447606	5404341	7310200	7554703	8427577	10528108	10562620	11179510	
废品损失	40180	65709	73711	115546	156293	26812	25423	25407	18607	19693	
原材料存储费	63700	46457	17797	56730	59100	57505	73332	87420	102290	113125	
成品存储费	5180	7000	9210	14590	20310	22500	26360	28230	31390	34470	
上期国债本息		0	0	0	0	0	0	0	0	0	
银行贷款本息		0	0	2328750	303750	1751625	1164375	2369250	0	0	7917750
税金	67665	80370	90356	343747	438229	617831	567915	973871	775437	922630	
买机器	7200000	7200000	3520000	320000	3040000	2880000	2240000	0	0	0	19200000
分红	-6291073										
买国债								1700000	2096554	2494519	
费用合计	1628640	2775639	3119954	4346001	5687126	5476677	6344185	7182775	7810629	8043761	
现金	6230934	2496654	207779	2224973	3294553	2199712	4330925	5352698	7537921	7598511	

抵扣掉上述差额，还有 3.5 万元的净节约。相对于自营早期每期只有 20 万元左右的利润，这无疑是相当可观的数字。

大家不妨一试。

上述节约利息费用的关键是所谓"双贴零"的概念。

"贴零"本身是指每期经营过程中，在取得销售收入前，应通过预算控制，使得现金余额为零，以达到节约利息费用的目的。

"双贴零"则是指不仅在取得销售收入前现金余额为零，而且期末余额也为零。当然"双贴零"是一种权变策略，只适合于一些特殊场合。也请有兴趣的读者共同研究。

三、第三期决策要领——大发展

随着新增机器到位投入使用，各种资源也都配置到位。企业进入扩张期的高峰，同时也迎来了稳定阶段的开始。此时应做到：资源配置恰当，产品结构合理，期间费用最低。

资源配置恰当首先是指工人与机器间的比例恰当，另外还应注意现金、原材料等的存量和流量。

产品结构合理有两方面指标：每种产品的边际效益相等和市场总占有率最高。

期间费用最低包括管理费用的控制[①]等。

在制定第三期的决策时，除了要考虑本期的各项平衡，还需要注意从扩张阶段到稳定阶段的平滑过渡[②]。

第三节　稳定阶段

经过第一阶段的扩张后，财务资源得到充分利用，事物的另一方面将成为主要矛盾：资金的紧张。

本阶段的经营策略是灵活使用资金头寸，安全渡过资金紧张期，协调平衡各种生产资源的比例，使之保持在理想状态。

从财务资源的角度看，本阶段应在持续用尽债券额度的基础上，逐步使用完大部分银行贷款。并挖掘各种潜力，最大限度地购买机器，扩张产能，争取更大的利润和市场占有率[③]。

产品研发也需有计划地跟进。当然需要关注研发的投入产出效益和现金回收的节奏。

从产品结构的角度看，应密切关注各产品的边际效益，不断采取有效措施，保证生产运行在最佳状态。

- 产品边际贡献

---

① 如一种产品不在两个班次生产等。

② 关于木桶原理人们经常提到的是加长短板，实际上在正常情况下，只有缩短了长板才可能"拼"长短板。

③ 按照投资边际效益递减理论，固定资产扩张规模的极限是投资边际效益为零或投资边际效益等于筹资边际成本，读者不妨按此标准在每次扩张时进行检验。

根据边际效益递减的原理和边际效益相等时总效益最大的理论，我们应该在分析各产品边际效益的基础上，不断调整产品结构，以追求更好的效益。

如果产品的边际贡献不容易计算，我们可以用平均贡献来代替。适当地减少平均贡献较低产品的生产和供应数量，增加平均贡献较高的产品的数量，也同样可以达到提高总贡献的目的。

计算产品的贡献率，可以用大家较熟悉的成本毛利率。我们更推荐使用"单位机器贡献率"和"单位人工贡献率"以及"资金贡献率"等指标，并且把上述指标综合起来考虑。

例如，我们可以将各产品的有关数据整理到表1-6-3中。[①]

表1-6-3　　　　　　　　　　　各产品平均贡献表

指标	A	B	C	D
人力/机器	1.5	0.8	0.611111111	0.571428571
材料/机器	4	6	6.666666667	7.857142857
变动成本①	1173.076923	2907.692308	4223.076923	5376.923077
出厂价格	3108.75	6922.5	7962.5	10392.5
成本贡献率	6.226531812	5.799649971	4.696292718	4.826150515
机器贡献率	19.35673077	16.05923077	10.38728632	11.94184982
工人贡献率	12.90448718	20.07403846	16.99737762	20.89823718

在表1-6-3中，"人力/机器"和"材料/机器"分别表示各产品每消耗单位机器（小时）所需要消耗的人力（小时）和材料的量。表1-6-3中的数据显示：A产品是典型的劳动密集型产品，但消耗材料相对较少；C、D产品则可看作是机器（技术）密集型产品，消耗材料也相对较多。

变动成本是按照材料、机器和人工耗费计算出来的。

出厂价格则应该按照实际销售价格减去运费、广告和促销费用得出。"贡献"则为出厂价格减去变动成本。

成本贡献率为贡献除以变动成本。

机器贡献率为贡献除以单位产品消耗的机器小时数。

工人贡献率为贡献除以单位产品消耗的人工小时数。

为了观察和分析方便，可把表1-6-3的数据用图1-6-2表示。

单独观察成本贡献率，可发现A、B产品高于C、D产品，不过差异不明显。

继续观察机器贡献率和工人贡献率，显示出明显的差异。按机器贡献率，A产品最高，B产品其次；按工人贡献率，D产品最高，B产品其次。

用不同的分析方法，可能得出截然不同的结果，这是经常发生的情况。面对这种情

---

① 参见附录二。

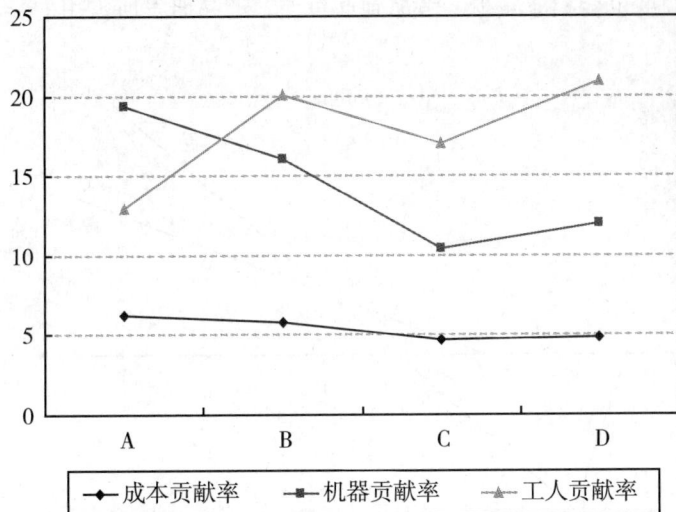

图1-6-2　各产品贡献率分析示意

况，需要我们进一步分析当前的紧缺资源是什么。在本仿真系统中，机器往往是紧缺资源①，因此应以机器贡献率为主要依据，参考其他数据，综合考虑，决定调整方向。

应该特别说明的是，产品贡献率是依情景和发展而变化的，需要连续跟踪监测，不能一劳永逸。

第四节　投资边际贡献

我们的投资方向有很多，如购买机器、研发不同的产品，甚至"分红"都可以看作是一个投资项目。面对如此多的选择，如不做冷静的分析，难免手忙脚乱或乱投一气。

这里分析的关键是理清投资期、投资量和回收期与回收量。这几个数据先理顺后，再分析其他条件。

例如，在第二期考虑用10万元购买机器或进行产品研发。

每台机器支付购买金额10万元。第四期投入使用，每期利润如果为1万元②，五期共能盈利5万元。

对比用10万元进行产品研发，该产品价格可提升200元，未来五期共销售该产品1000单位，合计增加收入20万元，扣除研发费用增加盈利10万元。

简单从数字上看似乎投入研发更有利。但我们还需要进行进一步的分析。

购买机器是资产形态的转换，不影响净资产；产品研发是分两期摊销的费用，净资产将先减少后增加，如图1-6-3所示。

仔细对比分析会发现：购买机器不会减少债券发行额度，而产品研发因导致净资产减

---

① 但在开始时，工人也可能成为紧缺资源。

② 扣除利息、折旧等费用。

少从而债券发行额度也会相应减少。考虑到这一点，产品研发所占用的资源至少相当于购买 1.5 台机器。

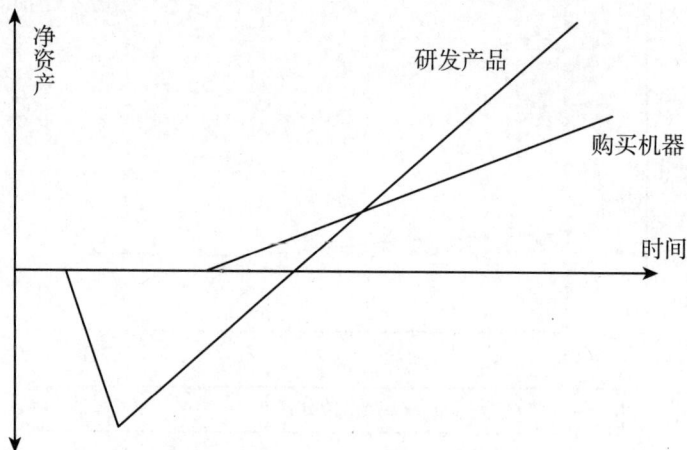

图 1 - 6 - 3　购买机器与研发产品对比示意

第五节　决胜阶段

本阶段的结束意味着整个比赛的结束。按大道理说，即使我们这个管理团队离任了，企业还将继续存在，不应该有短期行为。但是，我们进行的究竟是一场比赛，按比赛的规定，结束期的成绩将决定胜负和名次。完全不考虑胜负和名次是不现实的，因此我们在此分析一下决胜阶段的经营策略。

为了防止短期行为，本系统专门制定了末期随机加赛的规定。即便如此，弄清决胜阶段的哪些行为有利于成绩，仍然是有意义的。

（1）末期和倒数第二期购买的机器，不可能在比赛期间安装完工并形成生产力，因此对提高成绩没有意义。

（2）结束期通常会有大量的结余现金，应大量（甚至最大限度）分红，这样做有几大好处：

① 相同金额的分红可能会获得高于净资产的分值。大家不妨自己测算一下。

② 分红降低了净资产，有利于提高资本利润率。

由于最后两期都不需要购买机器，所以是（最大限度）分红的最佳时机。但分红而导致的净资产下降，也会降低该项得分，需根据实战具体情况而综合考虑。

（3）小心把握关键点和期末现金余额，保证不出现偏差。注意规则中的有关规定：

"在计算标准分时，会考虑上期综合评分的影响，也会根据企业的发展潜力进行调整。

"如果企业所留现金小于本期期初现金或本期费用，这意味着经营的连续性不佳，其标准分将适当下调。"

图 1 - 6 - 4 所示是某次实战的现金余额与费用金额关系，可参考。

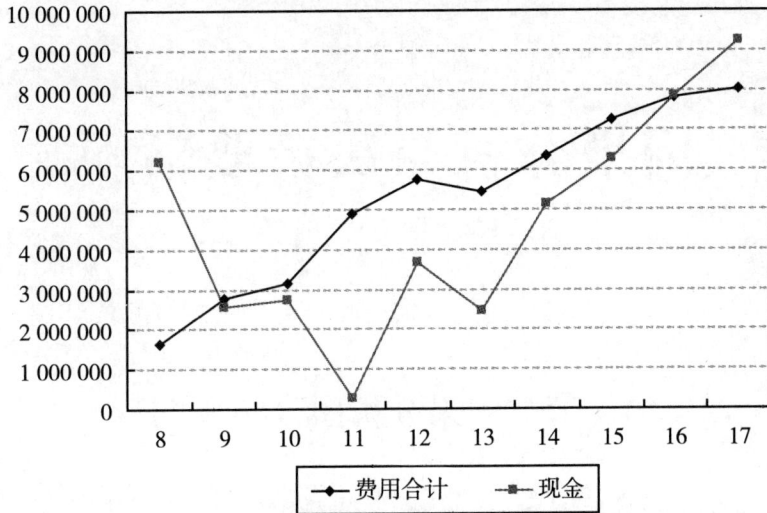

图1－6－4 现金余额与费用金额的关系示意

从战略着眼，从战术着手。我们将在本篇最后一章（第七章）归纳决策战术要领。

第七章 因果分析与决策要领

第一节 因果分析图（鱼刺图）

利用鱼刺图可以形象地展示研究对象的因果关系。

在企业竞争模拟实战中，最终排名是我们明确的追求目标，累计纳税和累计利润可以作为比较简单明了的目标。为了实现目标（果），我们需要做好生产、营销和财务工作（因）。进一步分析可知，为了做好生产工作（果），我们需要安排好机器和工人的效率（因）和产品的结构（因）；为了做好营销工作（果），我们需要安排好配送和价格广告促销（因）；为了做好财务工作（果），我们需要安排好投资节奏、融资渠道，还要管理好现金（因）。如此地细分下去，直至找到我们可以控制的最终的因素。上述关系用因果分析图（鱼刺图）表示如图 1 - 7 - 1 所示。

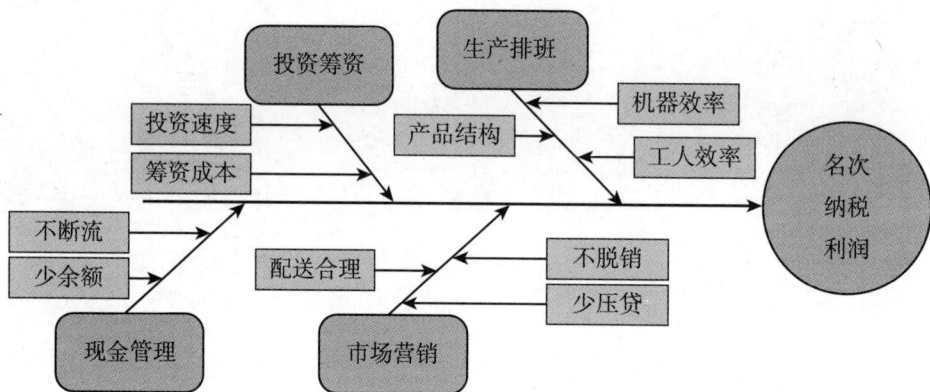

图 1 - 7 - 1 经营业绩因果分析（鱼刺）图

可以把图 1 - 7 - 1 所示的关系看作示意性的表达。同学们可以根据自己在实战中积累的经验继续完善。

"26）问：什么失误是最致命的失误？

答：许多失误都可能让企业铸成大错。如果一定要挑一种失误，预留现金不足可能是致命的。轻者，产品运不出；重者，生产不能进行；严重者，可能导致破产。"①

结合图 1 - 7 - 1，现金断流相当于断尾之鱼，是无法生存的。

决策基本要领：

- 生产资源的充分使用：机器工人不浪费；
- 市场资源的充分使用：市场不空缺，宁存货，勿订货；
- 财务资源的充分使用：比赛机器发展速度②。

第二节 生产决策要领

生产决策包括生产排班和原材料供应。

生产排班是本课程的重点和难点之一。

生产排班的具体算法将在第二篇详细说明。这里先说明决策目标，即什么样的决策才是好决策。

目标：要生产尽量多的产品。衡量标准可以是机器和工人都没有浪费。

一、生产排班的原则

生产排班的原则是成本低、产量大。分析制造型企业的盈利机制可以发现：利润的唯一源泉是销售产品，所以进行生产运筹的原则可以归结为两条：提高产量和降低成本。为此进行生产排班时首先应考虑如下原则：

1. 机器是最紧缺的资源，且在本期内没有调整余地。应最大限度使用。具体说，一般情况下，应安排一班正、二班正和二班加。即每台机器每期（季度）使用 520 + 520 + 260 = 1300（小时）。

2. 人员资源的特点是增长速度有限制，且本期新聘的工人只有 1/4 的生产能力，所以增聘工人要用长远眼光，尽力避免解雇工人。

3. 为了贯彻降低工资水平的原则，应考虑把劳动密集型产品（如 A、B）安排在工资费率较低的班次（如一班正），而把非劳动密集型产品（如 C、D）安排在其他班次（如二班加等）。

4. 为了贯彻节约管理费用的原则，应设法让每个班次生产的产品品种尽量简单。

5. 由于机器增长节奏与工人增长节奏的差异，两者不太协调的情况经常出现，可注意用产品结构的调整来适应增长中的不协调。

上述五条原则主要是针对短期规划的，而长期规划具有更加重大的战略意义。长期规划要点详见本章第三节"投资决策要领"。如产品的研发等级、购买机器数量、聘用工人数量、工资系数等，这些将在"投资"等部分讨论。

---

① 参见系统"文献资料"中"疑难解答"部分第 26 问。

② 更准确的是如本教材第四篇中的标准。

二、采购批量

供应安排的基本原则可归结为最小资金占用原则、最大折扣优惠原则和长期平衡原则。按照最低费用支付和最小资金占用原则，原材料采购应在保证生产需求的前提下，尽量减少采购量，以节约财务资源。

所谓最大折扣优惠原则，是指在保证资金占用较少的基础上，当采购数量接近某个优惠等级时，将实际采购量提高到该等级以便享受更高的批量折扣优惠的策略。

而长期平衡原则是指在遵循上述两个原则的基础上，从整个经营期（如 8 期）的长期眼光统筹安排每期采购量，以取得最佳综合效益。

第三节　财务决策要领

一、投资决策要领

为了生产出又多又好的产品，把投资规划做好是关键。

1. 以最大的规模和最快的速度购买安装机器。增加产能是不二的制胜法则。

2. 工人聘用尽量与机器的增长保持协调，当然有许多技术问题需要解决。

二、筹资及其渠道的安排

在保证现金不断流的前提下，支持最快的投资速度和尽量低的筹资成本。

1. "零库存（现金）"。在保证现金不断流的前提下，尽量降低库存现金存量。

2. "大投资"。为此，应优先使用"发行债券"方式筹资。在债券额度用完时，再使用"银行贷款"方式筹资。

3. "后备队"。为防止意外情况①导致现金断流，手头需留有一定的筹资额度。例如 1/4 ~ 1/3 银行贷款额度。

第四节　市场营销决策要领

为了通过销售取得最大利润，在制订决策时需时刻注意以下几点：

1. 配送要均衡。均衡不是"平均"，但可以平均为出发点逐步"找"到"均衡点"。所谓"均衡点"是指"把任何一个产品配送到另一个市场都不会增加总利润"的点。

2. 广告促销要恰当。首先是应该有，但不宜太多。广告促销经常是现金支出的收尾

---

① 例如，销售额未达到预计值。

项目，应尽量保证该项支出，逐步"发现"最佳"点"。

3. "双零"是理想。所谓"双零"是指表1-2-1中"下期订货"和"期末库存"两栏都为零。所谓理想是指这是追求目标，但在实务中实现的概率较低，尤其是初学者很难达到。为此，我们再补充一个实务标准叫"宁右勿左"，即宁愿有库存，不要有订货。在此基础上，越小越好，逐步达到"双零"。之所以设置这样的实务标准，原因有三：首先是具有可行性；其次是纠正初学者的系统偏差①；最后是利润损失较小。具有可行性是指让初学者较容易操作。相对于"理想"，"实务标准"显然更易于操作。初学者的系统偏差是"恐惧性"低价，生怕卖不出去。② 因此提倡这里的"实务标准"有利于纠正系统偏差。至于"供过于求"和"供不应求"相比，哪种偏差使利润的损失更大，请同学们自行证明一下。③

4. 为生产和财务部门提供产品结构的调整方向。产品结构的调整，属于战略性安排，需要较长的周期才能实现。具体实现可以是：市场营销部门比较各产品获利能力④——反馈到生产部门，通过制订机器采购计划和新工人招聘计划改进产品结构——将上述投资计划与财务部门会商，获得财务部门支持并落实执行。

5. 在可能的情况下，降低费用，如废品损失。

第五节　现金管理与销售估计

现金是企业的血液，重要性不言而喻。现金管理的原则是在不断流的情况下节约财务费用。销售估计是保证全周期现金管理的基础性数据。决策要领可归结为：

1. 销售估计的期望值应为实际销售额。在"宁愿有库存，不要有订货"的思想指导下，我们可以假定一个销售比例，例如，85%、90%或95%。以你的掌控精度而定。初学者可以低些，熟练的同学可以高些。

2. 在制订好生产计划、采购计划和投资计划以后，就可以通过不同的融资手段调控"取得销售收入"前现金余额和期末现金余额。参见表1-1-1和图1-5-1。通常，"取得销售收入"前现金余额为"零"较好。期末现金余额则需要考虑规则、下期现金需求等。

3. 决胜期的期末现金余额重点考虑规则，避免扣分。

本篇安排了七章内容，名为"决策概论"，也可以叫"决策导论"，意为引导入门之意。相对于以后各篇，只能算是决策的皮毛而已。皮毛是重要的，至少在形式上摆

---

① 系统偏差是指相同的观测条件下做一系列观测，若误差的大小及符号表现出系统性，或按一定的规律变化，这类误差称为系统偏差。系统偏差对测量结果影响较大，且一般具有累积性，应尽可能消除或限制到最小程度。

② 这既是课堂经验的总结，恐怕也能得到心理学的证明。即使反复强调这里的实务标准，课堂上仍然会出现较多的"供不应求"的系统偏差。

③ 也可参考附录三。

④ 可参考附录二。

出了样子，可以照猫画虎了。但要想制订出好的决策，还需要有效的工具、全局的视野、职业的分析，这些才是决策的筋骨肉，是冰山的水下部分。我们将在以后各篇进入这样的境界。

第二篇

企业全面预算

凡事预则立，
不预则废。

第一章 企业全面预算的意义、方法与作用

案例一：小明在学习了企业竞争模拟的规则后，迫不及待地开始了接手公司后的经营，对于规则了然于心的他认为自己一定能够取得好成绩，打败其他竞争对手。每到一期的模拟他都认真填写各项决策，但是，他发现自己始终跟不上市场的变化，经常在销售上出现一系列问题；更为严重的是，他的现金在第 11 期出现了严重的缺口，导致资金链的断裂，无法支付各项费用，最终企业破产。这是怎么造成的呢，苦心运营的企业怎么会最终是这样的结果，小明很是苦恼。

其实，在很多的模拟企业当中，尤其是初入门的经营者们，经常会陷入"哥伦布式"的管理当中去，就像哥伦布当年出发去航海一样，走的时候，不知道去哪儿；到的时候，不知道在哪儿；回来的时候，不知道去过哪儿。他们所运营的企业也是如此，在 16 期的经营当中，接手企业后不知将要如何发展；模拟结束后不知自己的团队做了些什么。整个模拟过程中都好似"无头苍蝇"一般到处乱闯，始终都是一头雾水，没有明确的计划性。要解决模拟企业在经营管理当中出现的这些问题，那就需要采用一种有效的管理手段——全面预算。

第一节　认识全面预算

一、全面预算的相关概念

企业全面预算是指以本企业的各种资源（包括财务资源、存货资源、技术资源和人力资源等和外部环境）为约束条件，使用一定的计算模型，制订较好的决策方案，实现企业的经营目标。企业可以通过全面预算管理来监控经营目标的实施进度，有助于控制支出，并预测企业的现金流量与利润。

全面预算是对企业在未来一段时期内的生产、销售、投资、筹资等各项经营活动采用量化的方式所进行的价值或非价值指标呈现。通过全面预算，企业可以对各种资源和各项经营活动进行合理的安排，进而实现企业的整体战略目标。全面预算按照预算内容可以划分为经营预算、财务预算和专门决策预算三种。

经营预算也被称为业务预算，它所涉及的是企业预算期内日常的业务，即主要针对企业的基本生产经营活动编制预算，如生产预算、销售预算、库存预算、期间费用预算，等

等。经营预算会涉及材料、人工、制造费用等价值指标，同时也会涉及产量、销量、工时数等非价值指标。

财务预算主要反映的是企业在预算期内一系列专门反映财务状况、经营成果和现金收支等价值指标的各种预算的总称，具体包括现金预算、预计利润表、预计资产负债表和预计现金流量表等内容。市场开发、产品研发、人力资源的开发与使用、材料采供等也都需要涉及财务预算。

专门决策预算又称资本预算，它是指企业为不经常发生的长期投资项目或者一次性专门业务所编制的预算。主要针对的是与企业特定的长期项目的投资活动、筹资活动或收益分配等相关的各种预算。

以上三种预算种类实际上仅存在着一条相对"模糊"的边界，它们相互之间存在着微妙的关系。经营预算和专门决策预算看似都有各自的"专属领域"，但它们同时又与财务预算存在着不小的交集。经营预算当中生产成本、期间费用和销售收入等预算项目所产生的现金流也涉及财务预算中预计现金流量表所反映的现金流入或流出。专门决策预算中所涉及的长期投资或融资行为也会在财务预算的预计资产负债表当中予以反映。所以，不管是短期的经常性的经营活动，还是长期性的非经常性的投资活动，都可以通过财务预算来进行计划。概括来说，财务预算的价值指标属性正是它与经营预算和专门决策预算的联系所在。

所以，全面预算是涉及企业全方位的一种综合计划体系，它覆盖了企业产、供、销、投资、筹资等各个环节，企业所有的经营活动都需要通过全面预算来进行管理。换言之，模拟企业的各项决策都需要将全面预算作为一项重要的支持工具，经营者在16期的模拟过程当中始终都要把全面预算作为自己的"智囊团"与"试金石"。

二、全面预算在企业竞争模拟中的意义

早在20世纪20年代，预算就已经作为一种有效的科学管理手段被西方学者应用在企业管理方面。随着社会经济的不断发展，传统预算的不足逐渐地暴露出来，其中很重要的一点就是没有与企业战略有效地联系起来。而全面预算与传统预算相比较的特点之一就是与企业战略紧密地联系在了一起，相互影响，相互作用。

企业设立的目的就是为了获取利益，而企业战略管理的目的就是为了实现企业长期利益的最大化。至于全面预算，则是以实现企业战略目的为己任的一种有效的管理工具。概括来说，全面预算与企业战略的关系主要有以下几点：

1. 战略作为企业的行动纲领和指导思想，为全面预算提供了编制与执行的依据和基础，而战略也通过全面预算使其得以贯彻和实现。对于模拟企业而言，如何把接手企业时的雄心壮志转变成合理可靠的发展理念，进而落实成为一套行之有效的经营方案，这是摆在每个初继任的管理者面前的第一个问题。而全面预算正是起到了这样一项桥梁工作，连接了企业战略和每一期的具体经营方案，使得模拟企业的战略能够落地生根，开花结果。

2. 全面预算能够及时、准确地发现战略目标与现实的矛盾，对于企业战略的实施进行有针对性的反映，是战略实施的有效反馈系统。通过全面预算的检验，更有助于使企业

的战略目标和战略计划更加切合实际。对于模拟企业来说,这一点更是显得尤为重要。初接手企业时所制定的发展和经营战略是否行得通,具有多大的经营风险,这些问题都可以通过在模拟前的全面预算来进行检验,避免在真正进入模拟过程后发生各种企业战略和实际经营环境的冲突。

3. 全面预算管理本身即具有战略管理的属性,是企业进行战略管理的有效手段。在全面预算当中,要始终去贯彻企业的经营方针,使之符合企业战略。在模拟企业的经营过程当中,各期预算的编制也要满足这一点要求,即预算编制要符合模拟企业当初所制定的战略发展目标,贯彻所拟定的经营思路。

4. 全面预算使战略思想在企业各层次各部门得以树立,有利于管理责任与战略目标的落实。

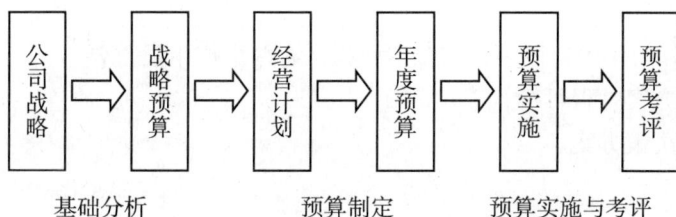

```
┌──────┐    ┌──────┐    ┌──────┐    ┌──────┐    ┌──────┐    ┌──────┐
│公司战略│ ⇒ │战略预算│ ⇒ │经营计划│ ⇒ │年度预算│ ⇒ │预算实施│ ⇒ │预算考评│
└──────┘    └──────┘    └──────┘    └──────┘    └──────┘    └──────┘
      基础分析              预算制定            预算实施与考评
```

图 2 - 1 - 1　企业战略与全面预算的关系

在企业竞争模拟当中,参与者就是在扮演企业中 CEO、CFO 等不同的管理者的角色,即企业决策的制定者。

第二节　全面预算的编制

全面预算的编制方法多种多样,各种方法在应用上也都有各自的特点和优劣。结合企业竞争模拟当中模拟企业的特点,在编制企业的预算过程当中,向大家介绍几种较为适宜的预算编制方法。

一、滚动预算

滚动预算也称为连续预算或永续预算,是指将预算期始终保持一个固定期间,连续进行预算编制的方法。滚动预算的预算期通常以 1 年为固定长度,每过去一个月或一个季度,便补充一个月或一个季度,永续向前滚动。

二、弹性预算

弹性预算是按照预算期内可预见的多种业务水平所编制的、能够适应不同业务量情况的预算。这种方法正是针对固定预算的主要不足而设计的,其预算编制的依据不是某一固定的业务量，而是一个可预见的业务量范围，因此使预算具有伸缩弹性，增强了预算的适应性。

三、增量预算

增量预算方法是以现有的费用水平为基础，根据预算期内有关业务量的变化，对现有费用水平做适当调整，以确定预算期的预算数。

第三节　全面预算的作用

企业全面预算的作用有很多，结合本课程，有两个作用很重要：

1. 检查决策方案是否可行；
2. 不断优化决策方案。

第二章 使用预算模型编制企业全面预算

第一节 预算模型的取得

王其文教授为大家提供了非常方便可靠的预算模型。见附件一。

也可在"162.105.29.4"主页下方的"资源下载"栏目中，有"可行决策工具（9U情景）xls 下载可行决策工具（9U 情景）xlsx 下载"。该条目中实际包含两个适配于不同版本的模型①，可根据自己计算机内 Excel 的版本选择下载。

下载完成的文件名称为"2011 – 4 – 4 – 9U"。其含义是 2011 年 4 月 4 日（完成制作）适用于 U 情景 9 级难度。由其文件名可知该模型侧重于检验检测方案是否可行。

打开文件，可以看到，整个模型由"说明"、"参数"、"公司状况"、"生产"、"决策"、"财务"和"临时加工页"共 7 页②构成。

其中"说明"页中的文字，简洁地讲解了本模型的使用方法和步骤。大家在开始使用时应先认真研读理解和执行。以后各页都有针对本页的"说明"和"注意"等，都请先认真阅读理解和执行，以保证模型在运行过程中不出差错。

为了方便初学者更有效地使用本模型，下面进行较为详细的说明和补充。

第二节 预算模型的准备

从系统中下载的模型，虽然是"现成"的，但一般不能直接使用，还需要先做准备工作。这是因为：第一，每次经营实战，情景和难度都可能不同，从而规则中的各项参数会有差别；第二，每期期初企业状况各自不同。所以，首先要把自己企业的上述情况输入模型。下面以 990 赛区第一公司为例说明。

1. 解除保护。

进入"参数"页，在"审阅"中点击"撤销工作表保护"，输入口令"1234"，点击"确定"，完成撤销对本工作表的保护。

---

① 以下简称本模型。

② 当然还可以增加新的页。

2. 修改参数。

对照 990 赛区《规则》，修改"参数"页的全部内容。修改结果如表 2-2-1 所示。

表 2-2-1   按 990 赛区第 1 公司难度 5 级情景 A 修改的参数

企业竞争模拟情景 A，5（二产品）生产决策工具　　北京工商大学嘉华学院陈冰，2016. 2. 8 修改

决策参数	产品 A	产品 B	产品 C	产品 D	本期生产产品可运比例	原材料可用于本期的比例	每期正常班小时数
机器小时	100	200			0.75	0.5	520
人工小时	150	250					
原材料	300	1500					
第一班固定费用	4000	6000				注：此情景为 5A	
第二班固定费用	5000	7000					
小时基本工资	3	4.5	4	6			

期初现金	2000000	债券占净资产上限	50%
债券年利率	12%	银行贷款年利率	8%
新工人培训费	500	国债利率	6%
解雇安置费	1000	税率	30%
机器购置费	40000	机器维修费	200
折旧率	5%		

产品固定运费	1	2	3	4
A	200	2000	4000	
B	6000	10000	12000	
C				
D				

原材料定购量 >=	单价	材料固定运费
0	1	5000
1000000	0.96	变动运费
1500000	0.92	0.02
2000000	0.88	

产品变动运费	1	2	3	4
A	25	100	200	
B	300	500	600	
C				
D				

说明：棕色数字依赖赛区设置的情景，各公司共同。红色数据必须根据本公司的成品运费输入，现在是第 1 公司的运输成本。[①]

表 2-2-1 中的参数是模型计算的依据，不能有丝毫差错。"说明"在右下角，请注意。

3. 修改公司状况。

进入"公司状况"页，根据自己公司第 8 期末的"期末企业状况"（左）、"期末产品状况"（右上）和"公司会计项目"（右下）逐项修改本页的内容。结果如表 2-2-2 所示。

---

① 此处标注的颜色请结合实际操作中软件界面上的颜色阅读。下同。

表2－2－2   按990赛区第1公司第8期末有关数据修改的公司状况

上期期末公司状况			
工人数	=	**200**	1
机器数	=	**100**	1
原材料	=	**1236000**	1
现金	=	**4262959**	1
累积折旧	=	1600000	1
银行信用额度	=	**8000000**	1
国债	=	**0**	1
债券	=	**600000**	1
累计研发费	=	300000	1
本期利润	=	275584	1
本期交税	=	82675	1
累计交税	=	728726	1
交税信用	=	**0**	1
累计分红	=	0	1
净资产	=	**7871998**	1
人均利润率	=	1331.32	1
资本利润率	=	0.0325	1
综合评分	=	0	1

上期期末企业的产品状况				
产品	工厂库存	本期研发	累积研发	产品等级
A	**100**	**0**	100000	1.0
B	**50**	**0**	200000	1.0
C	**0**	**0**	0	0
D	**0**	**0**	0	0

注意：1）红色数字是决策变量，必须输入。

2）黑色数字，在计算中不是必要的。

3）用"选择性粘贴"或只修改红色数字，不要修改原来的格式。

上期会计账目	收　支
发债券	**0**
还债券本金	**50000**

说明：左边的数据是为估计财务状况准备的。红色数字一定要按"公司会计项目"中的实际情况替换。

表2－2－2中的红色数据是模型计算的基础，不能有差错。

做好了上述准备工作，就可以开始借助模型制订决策了。在制订决策之前，先把目前的修改成果另存为以"2016－2－9－5A"为名的文件备用。

第三节　借助预算模型制订"生产排班"决策

现在首先要制定的是第9期的决策，因此可先把上述文件另存为"2016－2－9－5A－9"，表示本文件的内容是第9期的决策。

本决策模型分为"生产"、"决策"和"财务"三页表。其中"生产"页专门用于安排生产排班；"决策"页安排其他决策事项；"财务"页属于验算页，只显示根据前两页的决策计算出的现金收支预算情况。

按照顺序，首先进入"生产"页进行生产排班。

本页左上是排班决策部分，其结构与系统中决策表的生产排班部分相同。由决策者填写，可以反复修改优化。除此以外，右边"解聘人数"和"招聘人数"也是决策者填写，也可以反复修改优化。表中其他数据都是计算数或者上期末存量数。

复习本篇第一章预算的两个作用"检查决策方案是否可行"和"不断优化决策方案"。

本模型被命名为"可行决策工具"就是首先实现了"检查决策方案是否可行"的功能。结合图 1 – 7 – 1 可知：决策者考虑中的决策方案分为可行方案和不可行方案。其中后者是因为违反规则或资源不够。每当决策者提出的决策方案不可行时，相应的"控制"项数据就会变成红色，提示决策者必须修改决策至少达到可行。生产排班和配送都存在"检查决策方案是否可行"的问题。

理解了本模型的基本功能，我们就可以放心大胆地把我们的想法填写到模型中，让模型帮我们检查是否可行。当然，随着决策者水平的提高，"不可行"的频率和幅度都会迅速降低。

除了检查是否可行以外，我们还希望模型能帮我们提高决策质量。此时请注意模型已经帮我们把各种资源的存量和用量进行了对比，我们只需要不断调整决策数，使"闲置"的资源①不断降低，最好降为"0"，就可以使初学者大幅度地快速地提高决策质量。表 2 – 2 – 3 所示是按照第一篇第三章表 1 – 3 – 4 所示决策填写的。通过本模型检验也获得很好的效果②。

表 2 – 2 – 3　　　用本模型检验表 1 – 3 – 4 所示生产排班方案

生产安排计算表　　　　　　　　　　注意：红色数字是决策中可调整的变量，其他是计算结果。

班次 产品	第一班	第一班 加班	第二班	第二班 加班	生产 总量	需求总人数	可用人数	现有人数
A 产量（个）	0	0	0	0	0	219	219	200
B 产量	260	32	195	97	584	需求总机器	现有机器	解聘人数
C 产量	0	0	0	0	0	100	100	6
D 产量	0	0	0	0	0			
工作人数	125.0	30.8	93.8	93.3		需要原材料	876000	招聘人数
使用机器数	100.0	24.6	75.0	74.6		现有原材料	1236000	100
人数取整	125	31	94	94		至少订购	0	可行
机器数取整	100	25	75	75				

产品	工厂库存	可运出数量
产品 A	100	100
产品 B	50	488
产品 C	0	0
产品 D	0	0

注意：此表是确定生产方案后的表。生产产品数量可以从优化方案拷贝来，或自己输入。完成后供决策单引用。

蓝色数字应该与相应数字比较，若不合规定，变红色背景。

---

① 在这里是"机器"和"工人"。

② "很好的效果"是指通过可行检验并且闲置资源最少。

第四节　借助预算模型制订完整决策

进入"决策"页。此时，决策表中的生产排班已经完成。还需要填写配送、价格和财务决策。下面分述。

一、配送决策

可顺势进行。为了方便大家进行配送决策，该模型已经把"可运出量"计算好放在旁边了。我们只需要把配送决策填入表中并比较"运出总量"和"可运出量"，令"运出总量"≤"可运出量"就可以了。当然，优化决策的方向之一是使"运出总量"和"可运出量"的差额尽量小。

二、价格决策

如前，价格决策包括：定价、广告和促销。

价格发现是一个永远的问题，其中充满了魅力和趣味，难度也很大。我们将在下一章进行较详细的讨论。

三、投资决策

把购买机器的数量填入表中。

把产品研发投资填入表中。

诸如此类。

四、筹资决策

此时，"财务"页已经为我们计算好了取得收入前的现金支出。如果库存现金不够支付，"现金累计"① 栏则会以红色强烈要求决策者适当筹资或降低支出水平。

整个决策方案往往要经过几次反复，才能最后敲定。检查无误后即可录入系统并提交。

第五节　预算模型的管理

良好的管理会产生事半功倍的效果。我们的预算模型以电子文档的形式存在，我们要

---

① 即现金余额。

注意发挥电子文档的优势，弥补其不足。

一、文档命名

一轮实战完成时，每个公司至少应该拥有如表 2 - 2 - 4 所示的 10 份文档。

表 2 - 2 - 4   实战完成后应该拥有的 10 份文档

序号	文件名
根 1	2011 - 4 - 4 - 9U
根 2	2016 - 2 - 9 - 5A
1	2016 - 2 - 9 - 5A - 9
2	2016 - 2 - 9 - 5A - 10
3	2016 - 2 - 9 - 5A - 11
4	2016 - 2 - 9 - 5A - 12
5	2016 - 2 - 9 - 5A - 13
6	2016 - 2 - 9 - 5A - 14
7	2016 - 2 - 9 - 5A - 15
8	2016 - 2 - 9 - 5A - 16

在表 2 - 2 - 4 中，序号为 1~8 的 8 份文件是每期决策后保存的文档，是为工作底稿。根 1 是从系统中下载的文档，根 2 是经过准备的文档。这两份根文档以备不时之需。而 8 份工作底稿将为我们事后研讨和总结提高提供极其方便的支持。在第四篇中我们就会体会到这些文档的价值。

除了上述 10 份文档外，在决策过程中如果想到有价值的预选方案，也应该单独命名保存。例如第 11 期还有一个有价值的预选方案，但没被执行，可保存为"2016 - 2 - 9 - 5A - 11 预 1"，以供事后详细研讨。

二、备份

保存必要的备份，防止电子文档的损坏和丢失。

本章小结：使用现成的预算模型，非常方便，也很可靠。古人云：眼过千遍不如手过一遍。如能自己亲自动手编制一套预算模型，那将会有突破性的提高。

下一章，我们将介绍自己编制模型的一些要领和方法。

第三章　自己编制有时间轴的预算工具

利用现成的模型编制预算，非常方便可靠。但如果希望进一步理解系统内涵，提高决策水平，通过自己动手制作预算模型，是非常有效的方法。下面我们介绍一款预算模型的制作过程，供大家参考。大家可以前面的模型和本章介绍的模型为基础，自行设计制作更加好用的模型，并通过模型的制作提高对企业经营管理艺术的理解和把握。

本章介绍的模型增加了时间轴，目的在于方便大家进行长远考虑。

第一节　整体结构与参数

仍然利用 Excel 软件，先设置"规则"、"参数"、"生产"、"现金"、"利润"、"营销"、"分析"、"第 8 期"等页。

把自己所在赛区的规则拷贝到"规则"页备用。

把"规则"中需要的参数整理到"参数"页。如表 2 - 3 - 1 所示。

表 2 - 3 - 1　　　　　　　　从规则中提取的参数表

100	150	190	280	机器（时）			数量	折扣
70	90	100	120	人力（时）			1000000	0.98
500	800	1600	2500	原材料（单位）			2000000	0.96
							3000000	0.94
80	120	180	250	库存费			固定运费	10000
						工资	变动运费	0.02
80000	100000	120000	160000	一班管理费	10	15	本期使用	90%
100000	120000	150000	200000	二班管理费	12	18	存储费	0.03
							初始资金	400 万
100000	200000	380000	500000	一级			贷款额度	1000 万

续表

200000	300000	480000	600000	二级
300000	400000	600000	700000	三级
400000	500000	700000	850000	四级
500000	600000	800000	980000	五级

年利率	6%	1.50%
债券利率	8%	2.00%
国债利率	8%	2.00%
税率	25%	

| 运出 | 85% |

机器	120000
折旧	5%
维修	900

1800	7000	10000	12000	固定运费市场1
600	5000	8000	10000	固定运费市场2
3600	12000	15000	18000	固定运费市场3
3600	12000	15000	18000	固定运费市场4
9600	36000	48000	58000	固定运费合计
240	500	700	900	变动运费市场1
160	300	500	700	变动运费市场2
300	550	800	1100	变动运费市场3
300	550	800	1100	变动运费市场4
1000	1900	2800	3800	变动运费合计
1.4286	1.6667	1.9	2.333333	机器（时）/人力（时）
100	150	190	280	机器（时）
70	90	100	120	人力（时）
500	800	1600	2500	原材料（单位）
1640	2330	3370	4780	直接成本

| 新工人 | 2500 |
| 退休 | 5000 |

本期利润	0.2
市场份额	0.15
累计分红	0.12
累计缴税	0.12
净资产	0.16
人均利润率	0.12
资本利润率	0.13

注：左边四列，可利用 Excel 表的列标题 "ABCD" 当列标题。另外，涂阴影的参数为计算所得。

表 2-3-1 所列参数，为以后各表计算引用。

当改变赛区或公司，相应规则或参数发生变化时，可以只重新拷贝规则并重新整理参数，整个模型不用全部修改就可直接使用。

第二节　生产预算模型

一、基本结构

如果我们希望把 Excel 的 "行" 作为时间轴，就必须在一列中安排下全部公式。因此可考虑安排模型格式如表 2-3-2 所示。

表 2 - 3 - 2　　　　　　　　　　生产预算模型核心结构

一正	A
	B
	C
	D
二正	A
	B
	C
	D
二加	A
	B
	C
	D

　　分析本系统的盈利机制可以发现：公司利润的唯一源泉是销售产品。所以进行生产运筹的原则可以归结为两条：提高产量和降低成本。与此有关的还有产品的研发等级、购买机器数量、聘用工人数量、工资系数等，这些将在"投资"等部分讨论。这里仅说明如何在本期现有的资源（机器等）条件下进行运筹（短期规划）。

二、线性规划

　　建立原点为 O 的直角坐标系如图 2 - 3 - 1 所示。其中水平轴表示 A 产品的产量；垂直轴表示 B 产品的产量。

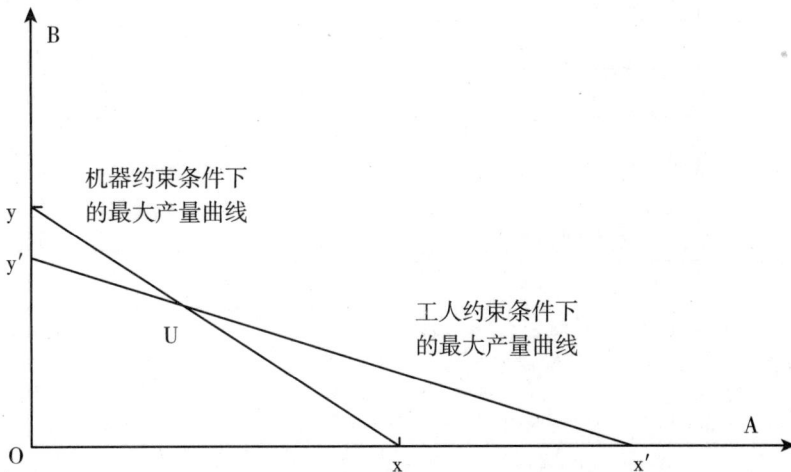

图 2 - 3 - 1　生产排班的线性规划示意

在图 2-3-1 的水平轴上取 x 点，令其为所有机器全部用来生产 A 产品的产量；在垂直轴上取 y 点，令其为所有机器全部用来生产 B 产品的产量。连接 x, y 两点所得直线，即在机器约束条件下的最大产量曲线。[1] 同理可作在工人约束条件下的最大产量曲线 x'y'。

在图 2-3-1 中，Oy'Ux 所围区域为在机器和工人两约束条件下的可能产量区域；y'Ux 为在机器和工人两约束条件下的最大产量曲线。其中 y'U 线段是机器有剩余而工人正好够用的临界线；Ux 线段是工人有剩余而机器正好够用的临界线；U 点是两种资源都充分利用的最优点。[2]

两条（相交）直线与两数轴所围的两个三角形区域 y'Uy 和 x'Ux 是一种资源有剩余而另一种资源不足的区域。yUx' 右上方的广大区域则是两种资源都不足的区域。

图 2-3-1 仅是示意图，我们可以用两点式公式列出二元一次方程组，求解即得 U 点坐标。

三、预算模型

上述线性规划图只能描述两种产品的情况。利用方程组可以解决更多产品的规划，但还是难以照顾到其他相关影响因素，如降低工资水平、节约管理费用以及更重要的长期规划。为此，下面介绍通过生产排班预算模型解决这个问题的方法。

在 Excel 中建立可计算的电子表格如表 2-3-3 所示。

表 2-3-3　　　　　　　　　生产排班预算模型

	期数	8	9
资源	机器	160	160
	购买		60
	期初工人	110	110
	新增	5	55
	退休	5	3
	当量	106.25	120.75
	工人剩余		−0.17308
	材料购买	90%	
	材料使用		1855000
	期末库存	220400	−1634600
	安全		−1634600

---

① 由于各种产品的产量都应该是整数，所以该"曲线"实际上是一个连续的阶梯线。下同。

② 当然还应该加上"原材料"约束线。好在原材料随时可以购买，仅受财务资源（现金）约束，我们将在后面另行讨论。

续表

期数		8	9
一正	A		
	B		
	C		
	D		297
	机器剩余		40
	工人数		68.538462
二正	A		
	B		
	C		
	D		227
	机器剩余		19640
	工人数		52.384615
二加	A		
	B		
	C		
	D		113
	机器剩余		9960
	工人数		52.153846
期数		8	9
总产出	A		0
	B		0
	C		0
	D		637
运出	A		123
	B		78
	C		0
	D		541
结存	A	123	
	B	78	1
	C		
	D		96

表 2 - 3 - 4　　　　　　　　　**生产排班预算模型算法说明**

项目		数据来源或计算公式或算法说明	行次	备注
期数		自然数列	1	
资源	机器	本期实际可使用机器数	2	
	工人	本期实际可投入生产工人数（新聘工人按 1/4 计算）	3	
	工人剩余	(3) - (11) - (17)*	4	大于零尽量小
	材料	根据各产品的"总产出"和单位耗材率计算	5	
一班正	A	((2)×520 - 产品 B、C、D 耗费机器小时)/单位产品 A 耗费机器小时	6	取整
	B	填写	7	
	C	填写	8	
	D	填写	9	
	机器剩余	(2)×520 - 所有产品耗费机器小时	10	尽量小
	工人数	所有产品耗费工人小时数/520	11	
二班正	A	填写	12	
	B	填写	13	
	C	填写	14	
	D	((2)×520 - 产品 A、B、C 耗费机器小时)/单位产品 D 耗费机器小时	15	取整
	机器剩余	(2)×520 - 所有产品耗费机器小时	16	尽量小
	工人数	所有产品耗费工人小时数/520	17	
二班加	A	填写	18	
	B	填写	19	
	C	填写	20	
	D	((2)×260 - 产品 A、B、C 耗费机器小时)/单位产品 D 耗费机器小时	21	取整
	机器剩余	(2)×260 - 所有产品耗费机器小时	22	尽量小
	工人数	所有产品耗费工人小时数/520	23	
总产出	A	(6) + (12) + (18)	24	
	B	(7) + (13) + (19)	25	
	C	(8) + (14) + (20)	26	
	D	(9) + (15) + (21)	27	

注：*括号内数字表示在表中该行数的数值。即本列第 4 行 D 表示的值 = 第 3 行的值 - 第 11 行的值 - 第 17 行的值。下同。

在制订排班规划时，除了要考虑第一篇第七章第二节所提示的五条原则外，还要重视长期规划。

长期规划要点包括：

1. 以最大的规模和最快的速度购买安装机器。增加产能是不二的制胜法则。
2. 工人聘用尽量与机器的增长保持协调，当然有许多技术问题需要解决。

第三节　现金预算模型

一、结构

就以"规则"中"现金收支次序"为依据，设计结构。

现 金 收 支 次 序

期初现金　　　　+银行贷款　　　　　+发行债券

-部分债券本　　-债券息　　　　-培训费　　　　-退休费

-基本工资（工人至少得到第一班正常班的工资）　　　　-机器维护费

+紧急救援贷款　-研发费　-购原材料　-特殊班工资（第二班差额及加班）

-管理费　　　　-运输费　　　　-广告费　　　-促销费

+销售收入　　　-存储费　　　　+上期国债本息

-本期银行贷款本息　　　　　　　-上期紧急救援贷款本息

-税金　　　-买机器　　　　-分红　　　-买国债

二、现金收支预算模型

现金收支预算模型结构如表 2 - 3 - 5 所示。

表 2 - 3 - 5　　　　　　现金收支预算模型结构

期数	8	9
银行贷款	1000 万	
发行债券		3300000
还债券本金	250000	250000
还债券利息	65000	60000
新工人培训费	15000	137500
解雇工人安置费	30000	15000
工人基本工资	1006200	627900
机器维修费	268000	144000

续表

期数	8	9
研发费用		1000000
购原材料	550000	0
折扣		0
购材料运费	21000	10000
特殊班工资	752580	390960
管理费	11000	300000
成品运输费	375400	843100
广告费	20000	221000
促销费	40000	220000
支出合计		4219460
余额		3683489
期数	8	9
销售收入	2866800	7430350
废品损失	99680	55129
原材料存储费	4320	−21213
成品存储费	128520	56590
上期国债本息		0
银行贷款本息		0
本期纳税		111383
买机器		7200000
分红		
买国债		
余额	4602949	3711950
余额（调）	4602949	3711950
净资产	16206928	16952024
债券余额	3000000	6050000
期数	8	9

　　作为练习，大家可以先编制第 7 期和第 8 期的现金流量，并将自己的计算结果与系统返回的数据"公司会计项目"（第 7 期、第 8 期）进行对比。为了方便大家学习"现金流量表"的编制，特提供其计算公式或算法说明如表 2 - 3 - 6 所示。

表 2 - 3 - 6　　　　　**"现金收支预算模型"计算公式或算法说明表**

项目		计算公式　或　算法说明
上期转来		上期期末现金余额
还债券本金	－	上期债券发行额×5% + 上期还债券本金
还债券利息	－	上期期末债券余额×利率
新工人培训费	－	新聘工人数×每个新工人的培训费
解雇工人安置费	－	退休和解雇工人数×退休和解聘的工人每人一次性生活安置费
工人基本工资	－	本期实际工人数（本期新聘工人按 1/4 计算）×520×第一班正班基本工资水平
机器维修费	－	本期实际可以投入使用的机器数（无论实际是否使用）×每台机器每期的维修费
购原材料	－	本期实际采购原材料数
购材料运费	－	原材料的运输费固定费用 + 本期实际采购原材料数×原材料的运输费变动费用
特殊班工资	－	因加班、上第二班和工资系数提高所多支付的工资
管理费	－	按"管理成本"的有关规定计算。与生产的产品和班次有关。
成品运输费	－	本期实际运往各市场的各产品的固定运费和变动运费之和
广告费	－	本期实际为各产品支付的广告费之和
促销费	－	本期实际在各市场支付的促销费之和
销售收入	+	按表 2 - 3 - 9 "销售金额"预算结果合计填列，按本期实际在各市场销售各产品的金额之和调整
废品损失	－	本期实际在各市场发生的各产品废品数的本期价格×40% 之和（参见有关"员工激励"的规定）
产品库存变化	－	本期期末各产品库存金额之和 - 上期期末各产品库存金额之和
原材料存储费	－	（本期期末原材料库存数 + 上期期末原材料库存数)/2×每期原材料库存费率
成品存储费	－	（本期期末各产品库存数 + 上期期末各产品库存数)/2×各产品库存费率（注：工厂库存和市场库存之和）
本期纳税	－	本期利润总额×所得税税率
期末余额		按本表计算

　　需要说明的是，在"销售收入"前，专门增加了一个"余额"，这是一个非常重要的控制点。

　　初学者刚开始编制现金预算表时，可能会有各种思想问题和技术困难。突破这个难点，必有收获。收获至少包括：计算结果的正确检验了对规则理解的正确；对公司运行开始有了前瞻能力。

　　另外，表 2 - 3 - 6 仅包括前 8 期（初始化）的项目。随着经营进程的开展，项目会发生变化（主要是增加），需注意。

现金流量表的编制水平大概可分为初级和进阶两个阶段。

- 初级阶段包括表外计算和表内计算。表外计算比较简便易行。表中大部分项目都属于此情况。参考上述算法即可进行。表内计算是指在 Excel 表相应表元中编写公式，通过运行公式得到预算数据。如期末余额即属于此情况。

- 进阶阶段属于企业预算的一部分，是比较高级的阶段，也是本教材追求的状态：与整个公司的预算互为因果，包括与生产预算、营销预算和利润预算等的相互影响。例如，表 2 - 3 - 5 中的"销售收入"就需按表 2 - 3 - 9 的"销售金额"预算结果合计填列，执行决策后按本期实际在各市场销售各产品的金额之和调整。

第四节　原材料采购预算

一、基本原则

原材料采购的基本原则可归结为最小资金占用原则、最大折扣优惠原则和长期平衡原则。

按照最小资金占用原则，原材料采购应在保证生产需求的前提下，尽量减少采购量，以节约财务资源。

所谓最大折扣优惠原则，是指在保证最小资金占用原则的基础上，当采购数量接近某个优惠等级时，将实际采购量提高到该等级以便享受更高的批量折扣优惠的策略。

而长期平衡原则是指在遵循上述两原则的基础上，从整个经营期（如 8 期）的长度统筹安排每期采购量以取得最佳综合效益的策略[①]。

二、原材料采购预算模型

遵循最小资金占用原则，在 Excel 中建立原材料采购预算模型如表 2 - 3 - 7 所示。表 2 - 3 - 7 中各行的计算方法，可参考表 2 - 3 - 8。

表 2 - 3 - 7　　　　　　　　　　原材料采购预算模型

期数	8	9	10	11	……
本期需要		792900	703500	1942600	
本期采购	388.52		341600	3543600	
最低库存		0	170800	1771800	
期末库存	1325600	532700	170800	1771800	
安全差额		53.27	0	0	

---

① 例如，每期的财务压力可能不一样，有时可通过调剂各期之间的采购量，平衡财务压力。

| 表2-3-8 | 原材料采购预算模型中数据的计算方法 | |

项目	数据来源或公式或算法说明	行次
期数	自然数列	1
本期需要	取自表2-3-4"资源""原材料"行数据	2
本期采购	(本期需要-上期库存)/0.9	3
最低库存	(3)/10	4
期末库存	上期库存+(3)-(2)	5
安全差额	(5)-(4)	6

由于原材料采购预算模型本身结构比较简单，又与生产预算紧密关联，所以可考虑把两者编制到一个页面中。

第五节　市场营销预算模型

决策表69个决策数据中，市场营销占到了40个，比例不可谓不重。另外，市场营销的效果不仅受到公司决策的影响，还受到许多难以把握的市场因素的影响，尤其是竞争对手营销决策的影响。因此许多人都认为市场营销是公司决策中最难把握的，同时也是最具魅力的，甚至是制胜的关键环节。

一、决策原则

就本教学系统的公司决策而言，市场营销方案包括产品配送、价格、广告和促销等四个方面。下面分别说明其决策原则。

（一）产品配送

如图1-1-2所示，本教学系统共定义了16个细分市场。根据供求关系影响价格的原理，原则上应该把产品"均衡"安排到这16个细分市场，从而获得"最高"销售价格带来的收益。

（二）价格

产品配送确定以后，就可以考虑具体的报价了。简单地说，"最好"的价格是使得表4-5-1"期末产品状况"中"下期订货"和"期末库存"均为零的价格（俗称"双零"）①。如果因情况特殊②或驾驭水平有限，也应设法保证"下期订货"为零。

（三）广告

广告的直接效益是刺激需求，在供应一定的情况下，更大的需求表现为更高的价格。因此，广告的效益可以看作是价格的增量（ΔP）所带来的效益。

把广告的支出看作"价格"的抵扣项，有利于简化思维过程。

一般而言，广告总效益与广告金额正相关，且具有边际效益递减的趋势。图 2 – 3 – 2 示意性地表示了广告金额与其效益的关系。如图 2 – 3 – 2 所示：广告策略 x，其支出是 y，总效益是 y′，净收益是 y′ – y。当 y′ – y 接近最大值时，如继续增加广告支出，总效益虽略有增加，但净效益增加不明显，甚至可能降低，此时的广告策略就应是最好策略。

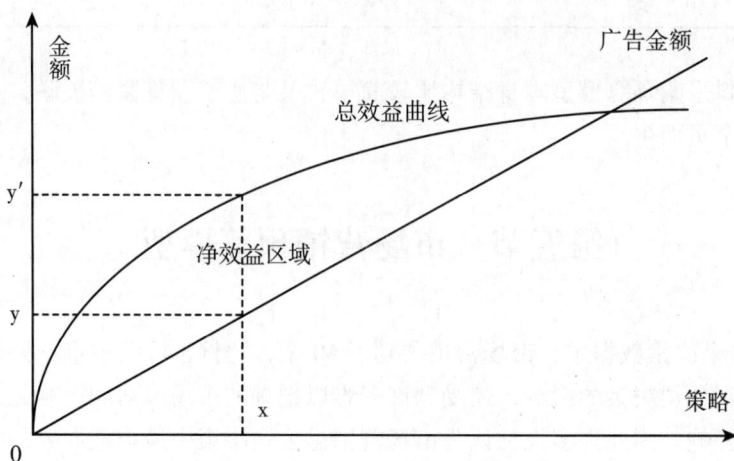

图 2 – 3 – 2　广告金额与其效益的关系

（四）促销

分析促销所依据的方法与广告相同。不再赘述。

应该注意的是：广告对某产品（四个市场）产生效益；促销则对某市场（四个产品）产生效益。另外，不论是广告还是促销，策略得当，除了有直接的经济效益（利润）外，还可能带来较高的市场竞争力。

二、市场营销预算模型

市场营销预算模型如表 2 – 3 – 9 所示。

---

① 简单的解释是：如果"下期订货"不为零，说明有部分利润没能实现，而且为其他公司（竞争对手）创造了需求；如果"期末库存"不为零，则会因现金回笼不力，造成财务压力，除此之外还需支付库存费用。

② 参见本教材有关策略。

表2-3-9　　　　　　　　　　市场营销预算模型

期数		8	9
本期运到	A		123
	B		78
	C		0
	D		630
实有数量	A		123
	B		78
	C		0
	D		630
预计销售	A		104
	B		66
	C		0
	D		535
期末结存	A		19
	B		12
	C		0
	D		95
存储费			
成本变动			
价格	A		4050
	B		6900
	C		10500
	D		12250
销售收入	A元		421200
	B元		455400
	C元		0
	D元		6553750
	合计金额		7430350
期数		8	9

表2-3-9中的"本期运到"可链接有关决策数;"实有数量"等于"本期运到"加上期"期末结存";"价格"等于决策中的平均价格;"预计销售"等于"实有数量"乘以"预计销售比例"①;"销售收入"等于"预计销售"乘以"价格";"期末结存"等于

---

① 该比例可自行设定。

"实有数量"减去"预计销售"[1]。

第六节　投资规划

这里所指的投资包括购置机器、聘用工人、进行新产品的研发以及老产品的升级。它们的共同特点是都为企业带来长期效益。

一、购置机器

在本竞争环境中，公司获利的唯一源泉是销售产品，所以尽力扩大产能当是我们的首选思路。

购置机器，开支大，时间长，见效慢，但一经投入使用，将长期地带来持续不断的效益，所以必须从战略高度给以重视。

从理论上讲，投资效益也会出现递减的趋势。应该关注这种趋势并把握投资的度。

从实践上看，投资的度实际上是个边际分配问题。除了本章讨论的购置机器、聘用工人、进行新产品的研发以及老产品的升级四种投资之间应有合理的安排以外，与筹资、分红等也需要通盘考虑。

无论怎么考虑，购置机器总是最大宗、最长久，影响最深远的投资。需要优先安排。

购置机器属于基础性投资，还需要相当比例的配套投资，如聘用工人、购买原材料等。在现金预算上必须有长远和全面的打算。

二、聘用工人

作为一项投资，聘用工人比购置机器投资小，见效快，但增减[2]幅度都直接受"规则"的限制。

原则上说，工人的数量应与机器保持一致，但由于两者增长节奏的不同，所以需要从"技术"上进行处理。较为基本的做法是以机器到位期（第三期）平衡为标准，倒推第一、二期的投资安排。更为长远的做法是统观整个经营期（8 或 10 期），力求长期内的平衡。

第七节　利润预算

利润预算本身似乎并不必要，也较麻烦，但是本着多看比少看好，看比不看好的思想，不妨"算一算"，也为"所得税"提供计算依据。

---

[1]　"期末结存"在决策执行后逐期根据反馈数调整。

[2]　增是聘用。减是解雇，也可以看作"负"聘用。

一、利润预算模型

利润预算模型可安排成如表 2 - 3 - 10 所示。

表 2 - 3 - 10　　　　　　　　利润预算模型

还债券利息	21125	60000
新工人培训费	5000	137500
解雇工人安置费	10000	15000
工人基本工资	798508	627900
机器维修费	44800	144000
折扣		0
购材料运费	15000	10000
特殊班工资	589352	390960
研发费用摊销		540000
管理费	25000	530000
使用材料费		1680000
成品运输费	206300	779900
广告费	60000	203000
促销费	120000	200000
支出合计		5318260
期数	8	9
销售收入	3345250	6817850
废品损失	66240	3031
折旧费		960000
产品库存变化		
原材料存储费	13912	−18588
成品存储费	5180	51590
上期国债利息		0
银行贷款利息		0
利润总额		503557
利润总额（调）		445534
所得税	22554	111383
利润净额		334151
净资产	18771188	19105339
债券余额	550000	3600000
期数	8	9

二、计算公式

表 2 - 3 - 10 中大部分项目的计算公式和算法可参考表 2 - 3 - 8。

表 2 - 3 - 10 中"利润总额"为表内计算数，但由于表中"销售收入"和"所得税"都是估计数，所以"利润总额"肯定不准。因此，专门设置"利润总额（调）"，根据决策执行后的返回数进行调整。在调整前，"利润总额（调）"可设为等于"利润总额"。

表 2 - 3 - 10 中"净资产"和"债券余额"也随"利润总额（调）"而定。为未来的筹资规划提供依据。

第八节　预算模型的应用

一、公式的调整和复制

上述各页的预算模型中的公式，要经过自己亲自调试。可以先用第 7 期末的数据，模拟计算第 8 期的结果，再把模拟结果与第 8 期的实际数据对比，发现并修正差错。

开始实战后，再用第 9 期的模拟结果与第 9 期的实际数据对比，继续发现并修正差错，直至模型中所有的计算公式（估计参数除外）都没有差错为止。

以后每期都应该进行上述对比。

公式调整告一段落后，可把第 9 期的公式复制到以后各期，以免重复输入，增加劳动，增加差错。[①]

二、模型完善

上述模型属于原理阶段，为方便实际应用还需完善。

例如，决策数据分散在各个页中，还有不少缺项。为此，我们可在模型中增加若干页，分别用来汇总并补齐填写各期决策，如表 2 - 3 - 11 所示。

表 2 - 3 - 11　　　　　　　　各期决策

价格	市场 1	市场 2	市场 3	市场 4	广告（k 元）	均价
产品 A	4000	4000	4100	4100	12	4050
产品 B	6800	6800	7000	7000	13	6900
产品 C	10000	10000	11000	11000	0	10500
产品 D	12000	12000	12500	12500	178	12250

① 拷贝公式的方法可参考有关 Excel 教材等。

续表

价格	市场1	市场2	市场3	市场4	广告（k元）	均价
促销费（k元）	40	40	60	60	203	200
向市场供货量	市场1	市场2	市场3	市场4	最大配送	实际配送
产品A	25	25	36	36	123	122
产品B	16	16	23	23	78	78
产品C	0	0	0	0	0	0
产品D	116	116	171	171	571	570

生产安排	第一班		第二班		研究开发	
（产品数量）	正班	加班	正班	加班	费用（k元）	
	0	0	0	0	100	运费
产品B	0	0	0	0	100	41200	A
产品C	0	0	0	0	380	74100	B
产品D	297	35	227	113	500	0	C
发展	新雇人数	辞退人数	买机器	买原材料（k单位）		618400	D
	55	3	60	0		733700	合计
财务	银行贷款	发债券	买国债	分红	工资系数（%）	
（k元）	0	3300	0	0	0	

在表2-3-11中，没有阴影的表元数据取自有关决策页；黄色阴影的表元数据直接在本表填列；绿色阴影的表元属于在本表内计算的数据，用于传输到有关决策页中作为计算依据。

具体说，"产品数量" 4×5＝20个数据和"发展"4个数据取自表2-3-3"生产预算模型"；"财务"4个数据取自表2-3-4"现金预算模型"。"工资系数"项比较灵活，可根据自己的喜好和习惯安排。

"最大配送"的四个产品个数，本身不是决策数，放到这里是用作配送决策依据的。四个产品往四个市场配送，合计16个决策数，可采用在本表人工直接填写。填写后直接计算合计数到"实际配送"4个表元。目测比较"最大配送"和"实际配送"的同行数据，让两者相等或"实际配送"略小于"最大配送"。至于四个市场的分配比例，通常应该以实现边际效益相等为追求目标。

"实际配送"确定后，"运费"可自动计算并传送到"现金预算模型"中。

三、市场营销决策举例

首先，把有关工作底稿和资料在电脑桌面上安排好，如图2-3-3所示。

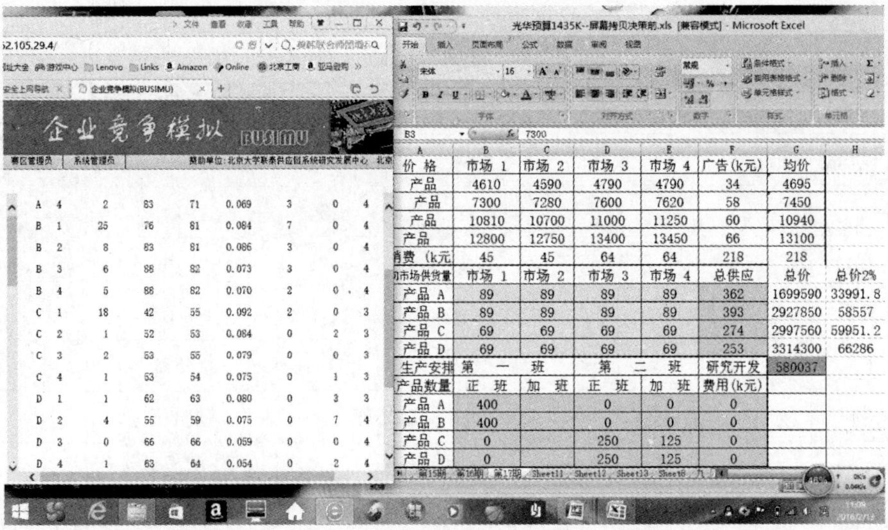

图 2 - 3 - 3　价格决策前桌面

在图 2 - 3 - 3 所示桌面中，左边是系统返回的 1435 赛区第 13 公司第 16 期末产品状况数据；右边是预算模型文件中第 17 期的决策表。第 17 期决策表目前正处于决策过程中。其中，生产排班、配送、广告、促销等已经做了初步安排，而价格是上期实际执行的数据。

"广告"和"促销"的最佳点很难急功近利地确定。可以自己先制定一个策略，比如按预计销售额的一个百分比确定各产品的广告额；再根据广告总额确定促销总额；最后把促销总额分配到各个市场。

如在本例中，我们先按预计销售额的 2% 确定各产品的广告额；取促销额合计等于广告额合计；再按 2 : 2 : 3 : 3 的比例分配促销总额到四个市场。在以后的决策中，逐步积累经验，调整上述参数，追求更好的效果。

目前的任务是安排本期的市场价格。"价格"中的 16 个决策数属于最难准确把握的，见仁见智。这里介绍一个较简单的方法。

在如图 2 - 3 - 3 所示桌面中，根据下式依次计算每个价格。

价格变动百分比 = - K(本期销售目标数 - 上期实际销售数)/上期实际销售数

其中 K 为价格弹性系数。K 的具体取值随产品、市场和区间而变动，需大量积累经验才能较为准确地把握。"千里之行，始于足下"，只有勇敢地迈出第一步，才有可能接近目标！

例如，产品 D 在市场 4 的本期销售目标数是 73 = (69 + 4)，上期实际销售数是 64，则：

价格变动百分比 = - K(72 - 64)/64 = - K/8

计算结果是本期销售目标数比上期实际销售数增长了 1/8，如果取 K = 1/3，则价格相应需下降 1/24，为 13450(1 - 1/24) = 12890。综合考虑广告促销费的变化、目标市场的成长以及其他公司的营销策略的变化，暂时决定产品 D 在市场 4 的价格不变，仍维持在 13450 元/单位。

上述计算公式和计算过程似乎有点复杂，其实这是描述原理。在实际决策中，心算即可。在心算时我们可以直接观察"期末库存"和"下期订货"。但需要注意的是："期末库存"是 1∶1 反映了供过于求的差额；"下期订货"则是 1∶（3～4）反映了供不应求的差额。

建议 16 个价格的决策过程为：D4、D3、D2、D1、C4、C3、C2、C1、B4、B3、B2、B1、A4、A3、A2、A1。

在桌面上的两个窗口中完成了价格决策后的状态如图 2 - 3 - 4 所示。

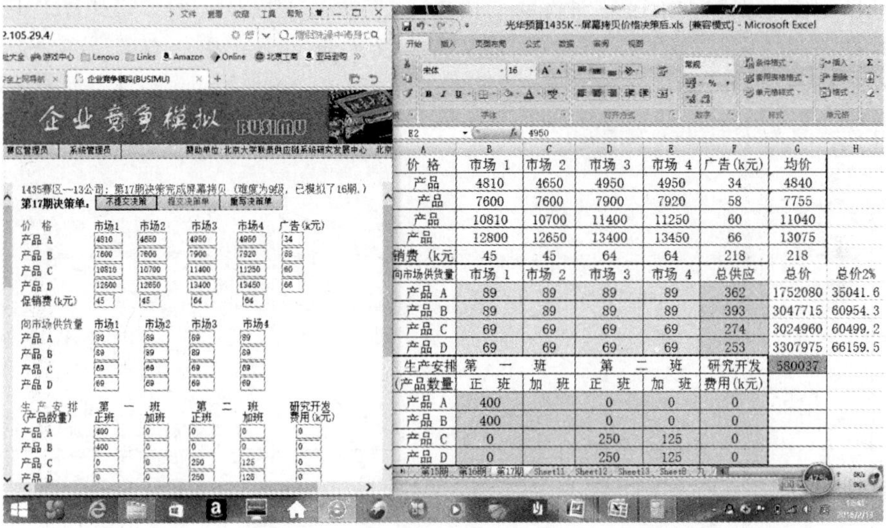

图 2 - 3 - 4 在桌面上的两个窗口中完成了价格决策后的状态

填写价格后，自动计算出"平均价格"并传送到"市场营销预算模型"中，作为预测"销售收入"的依据。

四、反复调整

企业经营方案的制订，是个不断优化的过程。一个好的经营方案就像一件艺术品，不仅要有好的设计，还要经过反复的打磨。我们可以把表 2 - 3 - 11 中的 69 个决策数据想象成一张网上的 69 个节点。这张网不是平面，而是像一件衣服一样，各个节点之间的连线有一定的弹性。

整个决策可以从生产排班开始；继而投资；再继续是配送和价格广告促销；最后应该是现金平衡和筹资。完成上述本期的初步安排后，要观察这个安排的长远效果，并根据暴露出的未来的问题，调整现在的决策。例如，根据目前看，应该招聘 100 名新工人，但观察未来，发现会出现需要大规模裁员的情况。因此目前就要重新考虑：减少招聘新工人数量？或增加机器购买数量以匹配更多的工人？或调整产品结构以适应偏离"平衡"点的人机比例？

除了观察长远的效果，调整决策外，其实后完成的决策点对先完成的决策点也会有影响。例如，安排价格的时候可能会发现配送比例不恰当，造成某市场价格畸高，另一市场畸低，此时往往需要回头调整配送，以获得总体上的更好收益。

我们比较推荐的决策流程：首先初步安排第 9 期方案；然后依次完成第 10～16 期方案（各期价格是难点，可用经验参数）；反复调整直至感觉最优。正式提交第 9 期决策，根据第 9 期执行结果，优化第 10～16 期方案；正式提交第 10 期决策，根据第 10 期执行结果，优化第 11～16 期方案……，直至整个比赛结束。

由于方案中的销售额是预估数，会有些偏离。这种偏离造成现金流入的偏离，进而影响投资规模、生产规模、销售规模直至发展速度。距离"现在"（例如第 9 期）越远期的方案，这种偏离越大，如图 2-3-5 所示。许多（潜意识中）想放弃的决策者往往会以这种偏离为借口，逃避制订长期规划的辛劳，"理直气壮"地走一步看一步。我们反对这种鼠目寸光（实际是偷懒）的思想。

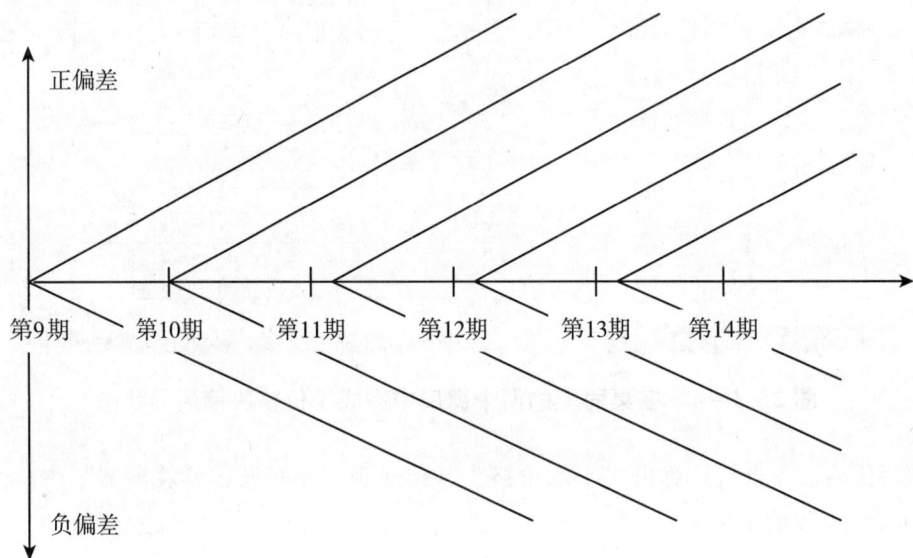

图 2-3-5　经营活动的实际情况与预算发生偏差幅度及其被调整过程示意

就像要出远门一样，一定要先规划好整个行程，再出发。在路途上，当然会遇到各种意外和估计不足，不断根据新情况（新信息）调整原方案，这是正常的。不能因噎废食，因过程中可能的调整否定事先的规划。规划—执行—调整—再规划—再执行——……直至完成。调整就是修正偏差的过程，每次调整都缩小了偏差，如图 2-3-5 所示。[1]

----

[1]　本版教材附件二为本章模型的示意版。

第三篇

会计核算

学习本篇的目的：（1）更加详细具体地了解自己所接管的公司；（2）利用本教学平台练习巩固会计核算实务能力。

本篇以软件系统提供的数据为依据，与大家一起完成编制会计分录、登记会计账户、编制会计报表等会计核算工作。

这里以5级难度A情景第1期为例。

第一章 编制会计分录

第一节 会计科目

在全面理解公司业务的基础上，以我国会计准则中的会计科目表为基本框架，结合公司的实际情况，建立企业竞争模拟公司一级科目表和明细科目表如表 3 - 1 - 1 和表 3 - 1 - 2 所示。在表 3 - 1 - 1 中，如果某科目只有一个下级科目，则直接以该下级科目作为一级科目名称。如"长期负债"只有"债券"；"固定资产"只有"机器"等。

表 3 - 1 - 1　　　　　　　　企业竞争模拟公司一级科目

资产	负债	所有者权益	费用	收入
现金	银行贷款	股本	费用	销售收入
原材料	债券	未分配利润	销售成本	购原材料优惠
产成品		本期利润	所得税	
生产成本				
无形资产				
机器				
累计折旧				

表 3 - 1 - 2　　　　　　　　企业竞争模拟公司明细科目

科目名称		备注
产成品		一级科目
产成品 A	产成品 B	二级科目
产成品 A 厂	产成品 B 厂	明细科目
产成品 A1	产成品 B1	
产成品 A2	产成品 B2	
产成品 A3	产成品 B3	

续表

科目名称		备注
生产成本		一级科目
	原材料	
	工资	明细科目
	折旧	
费用		一级科目
	利息	
	培训费	
	安置费	
	工人工资	
	维修费	
	无形资产摊销	明细科目
	购材料运费	
	管理费	
	成品运输费	
	营销费	
	废品损失	

第二节　会计分录

系统"内部信息"的"公司会计项目"中提供的数据包含了本期全部会计事项，可以作为编制会计分录的依据；据此编制的会计分录逐行对应在右面，如表3-1-3所示。在表3-1-3中：

1. 左边"公司会计项目"共分6栏。第1栏是项目名称；第2栏正负号；第3栏"收支"金额，我们理解作会计事项的发生额。这些发生额中，凡是对应的第2栏有正负号的，就是涉及现金的会计事项，其中正号为现金收入，负号为现金支出；凡是对应的第2栏没正负号的，就是不涉及现金的转账事项。

2. 左边"公司会计项目"第4栏"本期收入"相当于我国会计准则中的"收入"要素；第5栏"本期成本"相当于我国会计准则中的"费用"要素；第6栏"现金累计"是指实时现金余额。

3. 左边"公司会计项目"最下面"本期纳税"之上的5行是另加的，用于进行"产成品入库"、"结转销售成本"和"本期利润"等期末转账业务核算。这些期末业务需要把日常业务登记入账后才能得到具体计量值。

表 3-1-3

公司会计项目和据此编制的会计分录

0981 赛区——15 公司：陈冰（难度为 5 级，已模拟了 08 期）

第 981 班第 15 企业第 1 期末内部信息

会计项目		收支	本期收入	本期成本	现金累计
上期转来					2500000
1 还债券本金	-	50000			2450000
2 还债券利息	-	30000		30000	2420000
3 新工人培训费	-	2500		32500	2417500
4 解雇工人安置费	-	5000		37500	2412500
5 工人基本工资	-	228150		265650	2184350
6 机器维修费	-	20000		285650	2164350
7 研发费	-	300000			1864350
8 研发费分摊				435650	
9 购原材料	-	500000			1364350
10 购原材料运费	-	15000		450650	1349350
11 特殊班工资	-	159750		610400	1189600
12 管理费	-	10000		620400	1179600
13 使用材料费	-	408000		1028400	
14 成品运输费	-	120475		1148875	1059125
15 广告费	-	20000		1168875	1039125
16 促销费	-	20000		1188875	1019125
17 销售收入	+	1623400	1623400		2642525
18 废品损失	-	35200		1224075	2607325
19 折旧费	-	200000		1424075	
20 产品库存变化	-	0		1424075	
21 原材料存储费	-	27300		1451375	2580025
22 成品存储费	-	6000		1457375	2574025
23 产成品入库					
24 结转销售成本					
25 利润核算					
26 本期纳税	-	49808		2524218	

第 981 班第 15 企业第 1 期会计分录

号	借方		贷方	
1	债券	50000	现金	50000
2	费用	30000	现金	30000
3	费用	2500	现金	2500
4	费用	500	现金	500
5	生产成本	228150	生产成本	228150
6	费用	20000	现金	20000
7	无形资产	300000	现金	300000
8	费用	150000	无形资产	150000
9	原材料	500000	现金	500000
10	生产成本	15000	现金	15000
11	生产成本	159750	现金	159750
12	费用	10000	现金	10000
13	生产成本	408000	原材料	408000
14	费用	120475	现金	120475
15	费用	20000	现金	20000
16	费用	20000	现金	20000
17	现金	1623400	销售收入	1623400
18	费用	35200	现金	35200
19	生产折旧	200000	累计折旧	200000
20	销售成本	0	产成品	0
21	费用	27300	现金	27300
22	费用	6000	现金	6000
23	产成品	995900	生产成本	995900
24	销售成本	995900	产成品	995900
25	销售收入	1623400	本期利润	166025
			销售成本	995900
			费用	461475
26	所得税	49808	现金	49808

第二章　记账

根据会计科目表逐一开设账户。这里以"现金"、"费用"、"生产成本"和"产成品明细账"为例进行说明。

第一节　现金账

将"会计分录"中涉及现金的事项逐一抄录到表3-2-1所示的"现金"账户中。

表3-2-1　　　　　　　　　　现金日记账

分录号	摘要	借方	贷方	借方余额
	期初余额			2500000
1	还债券本金		50000	2450000
2	还债券利息		30000	2420000
3	新工人培训费		2500	2417500
4	解雇工人安置费		5000	2412500
5	工人基本工资		228150	2184350
6	机器维修费		20000	2164350
7	研发费		300000	1864350
9	购原材料		500000	1364350
10	购材料运费		15000	1349350
11	特殊班工资		159750	1189600
12	管理费		10000	1179600
14	成品运输费		120475	1059125

续表

分录号	摘要	借方	贷方	借方余额
15	广告费		20000	1039125
16	促销费		20000	1019125
17	销售收入	1623400		2642525
18	废品损失		35200	2607325
20	原材料存储费		27300	2580025
21	成品存储费		6000	2574025
22	本期纳税		49808	2524218

第二节 费用账

将"会计分录"中涉及费用的事项逐一抄录到表3-2-2所示的"费用"账户中。

表3-2-2　　　　　　　　　　　　费用总账

分录号	摘要	借方发生额	贷方发生额
2	还债券利息	30000	
3	新工人培训费	2500	
4	解雇工人安置费	5000	
6	机器维修费	20000	
8	研发费分摊	150000	
10	购材料运费	15000	
12	管理费	10000	
14	成品运输费	120475	
15	广告费	20000	
16	促销费	20000	
18	废品损失	35200	

续表

分录号	摘要	借方发生额	贷方发生额
21	原材料存储费	27300	
22	成品存储费	6000	
25	结转利润		461475
	发生额合计	461475	461475

第三节　生产成本账

将"会计分录"中涉及生产成本的事项逐一抄录到表 3 - 2 - 3 所示的"生产成本"账户中。

表 3 - 2 - 3　　　　　　　**生产成本总账**

分录号	摘要	借方	分录号	贷方
5	基本工资	228150		
11	特殊班工资	159750		
13	原材料	408000		
19	折旧	200000		
23	完工入库		23	995900
	合计	995900	合计	995900

第四节　产成品明细账（数量）

在会计实务中，明细账的记账依据通常是原始凭证。在这里，产成品明细账（数量）的记账依据取自"可行决策"中"向市场供货"和"生产安排"以及"期末产品状况"中的"本期销售"和"废品"。记账依据及结果如附录一所示。

产成品明细账（数量）

第 1 期产成品数量明细账

分录号	产成品 A	产成品 A（厂）	产成品 A1	产成品 A2	产成品 A3
初余	100	100	0	0	0
23	390	390	195	195	
	390		185	185	
24	370				
18	20		10	10	
末余	100	100	0	0	0

分录号	产成品 B	产成品 B（厂）	产成品 B1	产成品 B2	产成品 B3
初余	50	50	0	0	0
23	194	194	97	97	
	194	194	92	92	
24	184				
18	10		5	5	
末余	50	50	0	0	0

表 3－2－4

向市场供货量

	市场 1	市场 2	市场 3
产品 A	195	195	0
产品 B	97	97	0

生产安排（产品数量）

	第一班		第二班		研究开发费用（k 元）
	正班	加班	正班	加班	
产品 A	260	130	0	0	100
产品 B	130	64	0	0	200

产品	市场	上期预订	本期需求	本期销售	市场份额	下期订货	期末库存	废品
A	1	0	200	185	0.062	7	0	10
A	2	0	200	185	0.062	7	0	10
A	3	0	219	0	0.000	43	0	0
B	1	0	111	92	0.062	7	0	5
B	2	0	111	92	0.062	7	0	5
B	3	0	150	0	0.000	30	0	0

产品	工厂库存	本期研发	累积研发	产品等级
A	100	100000	100000	1.000
B	50	200000	200000	1.000

第三章 编制报表

在会计实务中，编制报表的依据通常是总账，这里我们可以结合"内部信息"中"期末净资产"的数据编制，如表 3 − 3 − 1 所示。

表 3 − 3 − 1　　　　　　　　　　资产负债表和利润表及其编制依据

第 1 期　期末净资产

项目		金额	累计
现金	+	2524218	2524218
国债	+	0	2524218
原材料	+	592000	3116218
存货（产品 A）	+	113462	3229679
存货（产品 B）	+	150962	3380640
研发费用待摊	+	150000	3530640
机器原值	+	4000000	7530640
机器折旧	−	200000	7330640
债券	−	950000	6380640
合计			6380640

第 1 期　资产负债表

资产	金额			负债	金额
现金	2524218			债券	950000
原材料	592000			所有者权益	
产成品	264424			股本	6264423
无形资产	150000			未分配利润	
固定资产	4000000			本期利润	116217
累计折旧	−200000			所有者权益合计	6380640
总计	7330642			总计	7330640

①

第 1 期　利润表

项目		金额
销售收入		1623400
销售成本		995900
毛利		627500
费用		461475
利润		166025
所得税		49808
净利润		116217

49807.5　30%

"股本"是根据有关数据倒推出来的。以后各期就可以直接使用本数据了。

---

① 四舍五入形成的差额。

第四章　会计核算中的数据传递关系

在上述会计核算流程中，数据的传递关系如附录一：会计核算流程中数据传递关系表所示。

第四篇

业绩分析（一）

——个人总结

"一日三思"

"要改正错误，最重要的就是发现错误，然后承认错误，最后避免错误。"

企业的业绩分析就像个人的体检，是指通过技术手段对经营状况和财务状况进行分析，揭示存在的问题及其原因，并找出解决问题的方法。

本课程的业绩分析按分析者的不同分为个人总结和老师点评。

个人总结是经营决策者在经营结束后分析自己公司经营决策中的得失，必要时也与竞争对手进行比较。与个人总结对应的是老师点评。老师点评以整个赛区的经营活动为对象进行分析，比较各公司的成败得失，在不同的问题上可聚焦不同的公司。本篇侧重于个人总结，下一篇将进行老师点评。

分析的内容和方法有很多，选择分析内容和方法应始终围绕揭示企业运营中存在的问题和找到改进的思路，力争做到分析全面准确，效率较高，能暴露出企业当前最严重的问题并找到改进的措施。

下面我们针对初学者分述投资、筹资、营销、生产和战略规划等方面的评价方法和相应指标。

除了上述对自己公司经营活动的分析以外，作为课程的总结还可包括个人学习心得和课程建设等方面的内容。

点评与总结是本课程的关键环节之一，与同学们的实战成"犄角"之势，共同推动决策水平的提高。

点评与总结表面看似乎是"事后"的事情，其实不然。本课程中一般安排三轮实战，每轮都争取做完8期。这样前两轮的点评与总结就不是"事后"，而是下一轮的"事前"了。即使是最后一轮的点评与总结，相对于将来在真实的"商场"中的竞争拼搏，也毫无疑问属于"事前"。

毛泽东特别倡导的学习方法之一是"在战争中学习战争，在游泳中学习游泳"；"要想知道梨子的滋味，必须亲口尝尝梨子"。

在本课程有限的课时中，即使全部用来讲解"经营决策"的方法和技巧，也只是蜻蜓点水，但在同学们经过实战取得成就或遇到挫折的基础上，用点点数语，就能解决许多重要的问题。此即本课程的精妙所在。

个人总结中经营指标的选择可以各有特点。无论选择哪些指标，分析的目的都是揭示问题所在及其产生的原因，并据此提出改进的措施，这才是我们进行总结的初衷。在本篇中，我们选择了能反映以下经济内容的指标：

- 直接观察数据，寻找与名次关系最密切的指标；
- 关系最密切指标的走势；
- 在生产环节中主要分析生产资源是否得到充分利用；
- 在营销环节中主要分析"价格发现"中的偏差和各细分市场之间的均衡性；
- 在财务环节中主要分析财务资源的利用情况和战略储备；
- 其他诸如生产成本、财务费用、运输费用、库存费用等的分析。

下面我们结合1435赛区公司1（以下简称"本公司"）的实战案例进行个人总结。为了方便同学们结合实际案例讨论，我们将为大家保留该赛区的全部实战数据，并将各公司的密码统一设成"0"。

第一章 直接观察数据

根据《规则》，评判的标准包含七项指标：本期利润、市场份额、累计分红、累计缴税、净资产、人均利润率、资本利润率。我们在这里可以试着把这七项指标（以及其他指标）与名次进行相关分析，寻找与名次相关性较强的指标，为下一步详细分析提供更简捷的基础。我们在这里用观察两条折线拟合程度的方法进行观察。下面以纳税与名次两条折线为例说明。

第一节 采集数据

把"公共信息"中"分项指标排序"的数据拷贝到 Excel 中，如表 4 – 1 – 1 所示。

第二节 分列

上述数据还得进行分列后，才能被 Excel 表识别。

具体操作方法是：先在 Excel 表中选中要分列的列。在"数据"中选"分列"；在"文本分列向导步骤之一"中选"分隔符号"；点击"下一步"；在"文本分列向导步骤之二"中选"空格"同时选定"连续分隔符号视为单个处理"；点击"完成"并调整列宽；最后需要移动少数列标题的文字才符合原意。结果如表 4 – 1 – 2 所示。

第三节 制图

分列后如表 4 – 1 – 2 中每个表元的数据，可以被 Excel 识别，从而可以计算、可以制图。

根据分析的需要，我们可以选择全部或部分数据制图。通过观察图形，我们可以比较直接地观察数据间的规律性。例如，表 4 – 1 – 3 就是选择了表 4 – 1 – 2 中的公司编号、累计交税名次和总评名次等，然后做成折线图如图 4 – 1 – 1 所示。

表 4 - 1 - 1

1435赛区（难度为9级，已模拟了16期）

1435赛区"分项指标排序"的数据

第16期末各公司分项指标排序

公司编号	A市场1	A市场2	A市场3	A市场4	B市场1	B市场2	B市场3	B市场4	C市场1	C市场2	C市场3	C市场4	D市场1	D市场2	D市场3	D市场4	工人数	机器数	债券	工资系数	累计研发	本期利润	累计交税	累计分红	净资产	人均利润	资本利润	综合评分	总评名次
1	6	4	6	7	5	4	1	1	12	12	12	2	2	4	3	2	2	6	16	1	12	8	3	4	4	10	9	0.534	3
2	2	3	2	2	7	12	4	4	5	8	5	5	11	5	2	8	8	8	9	5	15	4	7	6	8	5	4	0.278	6
3	3	6	3	3	13	7	13	13	6	9	7	6	12	13	13	7	7	2	14	4	8	13	12	5	12	13	13	-0.091	12
4	8	9	8	10	13	6	9	11	1	1	1	11	7	11	11	5	5	13	13	5	5	2	5	7	3	1	2	0.421	4
5	12	13	13	13	12	2	13	13	12	12	7	12	3	7	7	10	10	8	8	13	13	10	8	9	6	11	11	0.066	9
6	1	1	1	1	3	5	5	3	2	7	8	2	10	15	14	9	9	12	12	9	9	7	11	9	10	7	7	-0.076	11
7	12	14	13	13	1	1	2	2	12	12	12	12	1	1	1	4	4	15	15	13	13	1	6	9	2	3	3	0.247	7
8	5	7	5	6	7	6	5	6	11	10	11	10	13	13	12	15	15	7	7	2	2	9	15	9	13	8	8	-0.380	13
9	12	14	13	14	13	13	13	13	9	7	2	2	6	6	6	14	5	11	11	1	1	15	14	8	15	16	16	-0.862	15
10	11	12	12	12	8	8	8	8	10	10	9	4	8	4	4	5	12	2	2	11	3	11	9	3	11	12	10	0.161	8
11	12	2	11	11	13	13	13	13	12	12	12	11	11	14	14	15	3	3	3	5	11	16	16	9	16	15	15	-2.201	16
12	7	8	7	8	4	3	7	7	5	5	11	11	11	9	9	10	5	5	10	10	10	14	13	9	14	14	14	-0.453	14
13	7	8	7	8	4	3	7	7	5	5	11	11	11	9	9	10	5	14	12	5	5	3	1	1	7	2	1	0.781	1
14	9	10	9	9	9	10	9	10	4	4	6	4	8	3	4	11	11	10	5	5	5	6	4	9	1	6	6	0.358	5
15	9	10	9	9	4	4	3	3	3	3	3	3	5	5	7	15	13	12	4	3	3	5	2	2	5	4	5	0.713	2
16	4	5	3	3	12	5	3	2	12	12	12	12	11	13	15	16	16	16	1	5	16	12	10	9	9	9	12	0.039	10

注：左边是市场占有率，一般按数值大小降序排列，发债券按升序序排列。

表 4－1－2

1435 赛区（难度为 9 级，已模拟了 16 期）

1435 赛区"分项指标排序"的数据经过"分列"处理

第 16 期末各公司分项指标排序

公司编号	A市场1	A市场2	A市场3	A市场4	B市场1	B市场2	B市场3	B市场4	C市场1	C市场2	C市场3	C市场4	D市场1	D市场2	D市场3	D市场4	工人数	机器数	债券数	工资系数	累计研发	本期利润	累计交税	累计分红	净资产	人均利润率	资本利润率	综合评分	总评名次
1	6	4	6	7	5	4	1	1	12	12	12	12	2	4	2	3	2	6	16	1	12	8	3	4	4	10	9	0.534	3
2	2	3	2	2	12	12	4	4	7	8	5	5	9	11	5	2	8	8	9	5	15	4	7	6	8	5	4	0.278	6
3	3	6	3	3	13	13	13	13	7	9	7	6	11	12	13	13	7	2	14	4	8	13	12	5	12	13	13	-0.091	12
4	8	8	8	10	6	6	9	11	1	1	1	1	10	7	11	11	5	9	13	5	5	2	5	7	3	1	2	0.421	4
5	12	13	13	13	2	2	13	13	12	12	12	12	3	3	7	7	10	6	8	5	13	10	8	9	6	11	11	0.066	9
6	1	1	1	1	3	5	5	3	2	1	1	8	11	10	15	14	9	4	12	5	9	7	11	9	10	7	7	-0.076	11
7	12	14	13	13	1	1	2	2	12	12	12	12	11	13	1	12	4	1	15	5	13	1	6	9	2	3	3	0.247	7
8	5	7	5	6	7	6	5	6	11	7	2	2	4	2	6	6	15	12	7	5	2	9	15	8	13	8	8	-0.38	13
9	12	14	13	13	13	13	13	13	9	10	9	9	7	8	4	5	14	11	11	5	1	15	14	8	15	16	16	-0.862	15
10	12	14	13	12	13	13	8	8	12	12	12	12	11	13	14	15	12	15	2	5	3	11	9	3	11	12	10	0.161	8
11	7	8	11	13	13	13	13	13	12	12	12	11	11	13	14	9	1	3	3	5	11	16	16	9	16	15	15	-2.201	16
12	12	7	7	8	4	3	3	3	5	6	4	6	6	6	9	9	6	14	6	5	10	14	13	9	14	14	14	-0.453	14
13	9	9	10	9	9	2	7	7	4	3	3	3	7	8	3	4	11	10	5	3	5	3	1	1	7	2	1	0.781	1
14	9	10	9	9	11	11	10	12	3	3	3	3	5	5	7	7	13	12	4	3	3	5	2	2	1	6	6	0.358	5
15	9	10	9	9	9	10	12	12	12	12	12	12	11	11	15	15	16	16	1	5	16	12	10	2	5	4	5	0.713	2
16	4	5	3	3	9	10	10	9	12	12	12	12	11	13	15	15	3	13	10	5	6	6	4	9	9	9	12	0.039	10

注：左边是市场占有率，一般按数值大小降序排列，发债券按升序排列。

表 4 – 1 – 3　　　1435 赛区公司编号、累计交税名次和总评名次等数据

公司号	纳税名次	总名次
公司 1	3	3
公司 2	7	6
公司 3	12	12
公司 4	5	4
公司 5	8	9
公司 6	11	11
公司 7	6	7
公司 8	15	13
公司 9	14	15
公司 10	9	8
公司 11	16	16
公司 12	13	14
公司 13	1	1
公司 14	4	5
公司 15	2	2
公司 16	10	10

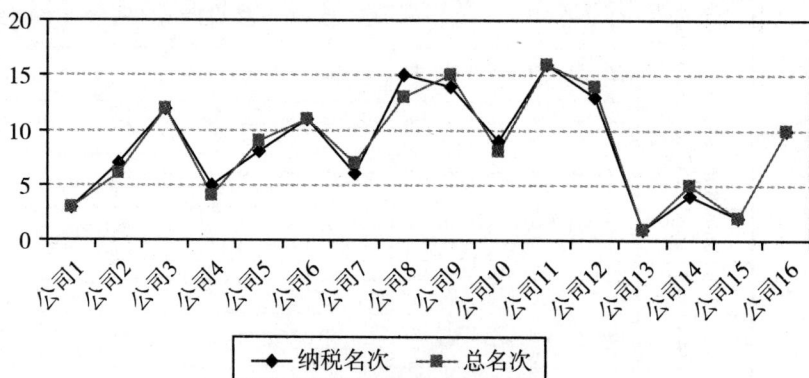

图 4 – 1 – 1　　纳税名次与总名次对应折线示意

为了便于观察，我们可以按总名次排序后再制图。如表 4 – 1 – 4 和图 4 – 1 – 2 所示。

表 4-1-4　　1435 赛区公司编号、累计交税名次和总评名次等数据排序

公司号	纳税名次	总名次
公司 13	1	1
公司 15	2	2
公司 1	3	3
公司 4	5	4
公司 14	4	5
公司 2	7	6
公司 7	6	7
公司 10	9	8
公司 5	8	9
公司 16	10	10
公司 6	11	11
公司 3	12	12
公司 8	15	13
公司 12	13	14
公司 9	14	15
公司 11	16	16

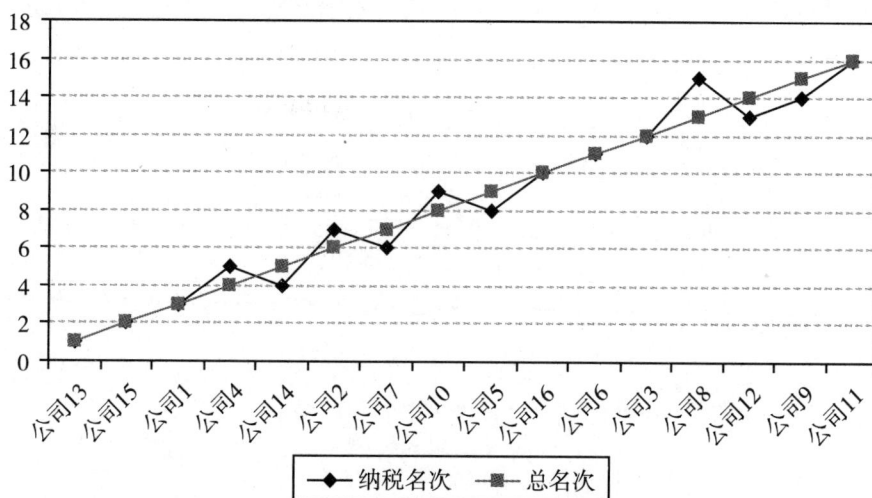

图 4-1-2　　纳税名次与总名次排序对应折线示意

第四节　观察并分析

观察图 4 - 1 - 1 和图 4 - 1 - 2，我们可以直接地观察到：纳税名次与总名次相关性很强。[1] 这说明总纳税排名可以反映本公司的行业地位，纳税名次就是"牛鼻子"。牵住了牛鼻子，我们就可以顺藤摸瓜，分析自己公司的优势和不足。具体说，就是进一步分析与纳税名次有关的指标，从而揭示、解释行业地位形成的原因，并找到改进突破的思路。

我们都知道，纳税是以利润为基数乘以 25% 计算得出的。纳税总额是利润总额的 25%，所以我们下面将直接把利润作为观察对象，看看自己的公司在整个 8 期经营竞争中的表现。

---

[1]　请同学们试用同样方法观察其他指标与总名次间的关系，并比较结果。

第二章 观察各期利润发展趋势

第一节 采集并加工数据

"公共信息"中的"利润发展趋势"为我们提供各公司各期利润数据。

按第一章介绍的方法采集并加工数据①，得到表4-2-1和图4-2-1。

表4-2-1　　　　　　　　各公司各期利润历史数据列表

期数	8)	9)	10)	11)	12)	13)	14)	15)	16)
公司1	267349	604046	-260636	790573	1241238	1057269	1506682	2246184	1509126
公司2	267349	862664	-65599	-913384	1269718	1148698	922166	1477400	1956830
公司3	267349	121780	-63844	679560	-230588	912462	1526652	1209972	-25894
公司4	267349	233970	-106092	856214	887400	1264370	1354372	1790409	2238870
公司5	267349	508552	-439379	646239	1136804	822097	1121664	1356853	1078992
公司6	267349	81598	417937	-188545	275812	586473	967528	568520	1524108
公司7	267349	506993	-77142	814158	1035658	1040464	1155116	1416126	2253810
公司8	267349	-1261116	-637255	-185286	340990	380328	832982	794929	1177774
公司9	267349	718260	-281252	576116	672312	773670	585851	83958	-8006451
公司10	267349	628192	75712	-632902	1103662	1210365	33213	2065811	1062828
公司11	267349	274786	-255335	-135384	473994	-4820706	-5896219	-6948238	-8088908
公司12	267349	874628	-113761	957232	1290139	913834	-358994	-1087164	-2180296
公司13	267349	218310	167783	537148	1306602	1532448	2127705	1483649	2161613
公司14	267349	655974	145181	647361	847537	1136842	1815853	1643406	1727692
公司15	267349	846296	-133267	548834	1212245	1558426	1476899	1650328	1844792
公司16	267349	290959	1001688	915891	711845	666921	518578	487527	467636

---

① 加工数据中需要增加"转置"。操作方法是：拷贝—选择性粘贴时选中"转置"即可。

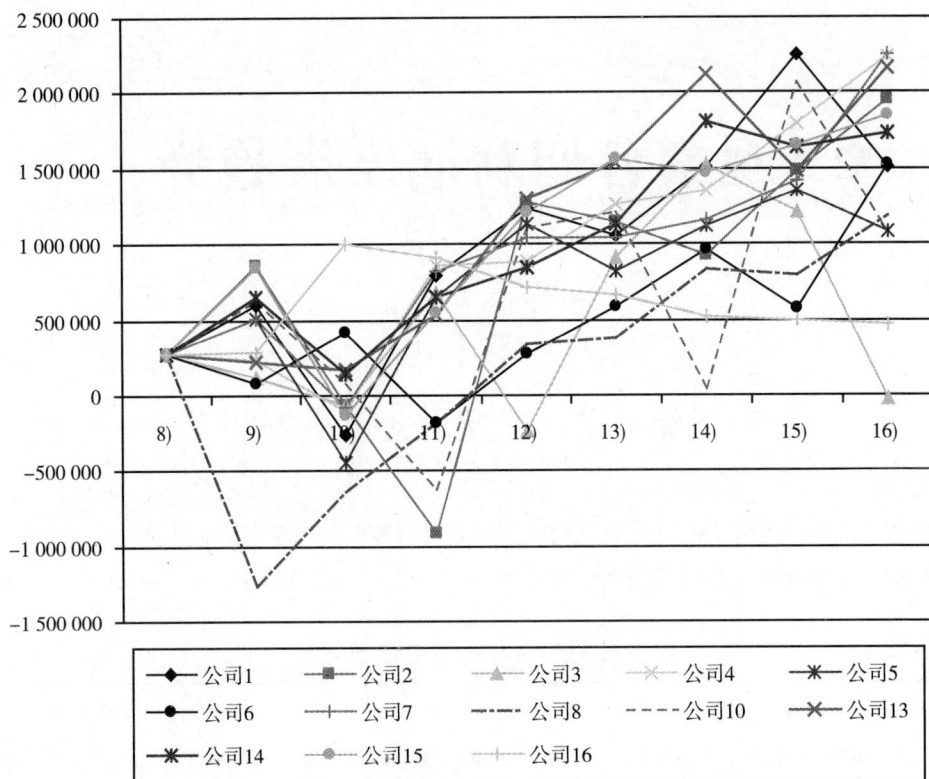

图 4 - 2 - 1　各公司各期利润历史数据折线示意

注：为了充分发挥图形的表达力，这里删去了公司 9、公司 11、公司 12 的异常数据。

在具体的业绩分析活动中，我们往往有一个明确的目标对象，比如说自己公司。下面我们就以公司 1 为对象进行分析。顺便说明，为了充分展示各公司之间的相互对比，我们可以删除各公司间完全相同的前 7 期数据，以第 8 期为起点尽量展开第 9～16 期的数据。

第二节　观察并分析

观察图 4 - 2 - 1 我们可以发现，公司 1 从整体上看还处在行业前列的位置。但个别期也可能存在问题。例如第 16 期。本来在第 15 期本期利润在行业中傲视群雄，第 16 期突然跌落到中游水平，这是在后面的详细分析中需要特别注意的。再例如第 10 期，虽然许多公司在这一期利润都有下降，但公司 1 下降幅度偏大，从正数第三名到倒数第三名。第 13 期也有明显的退步。在以后的分析中可格外留心这三期。

第三章 生产资源利用分析（一）
——绝对利用率

生产部门是公司的主力军。该部门的分析重点应该是存量生产资源的利用率。

生产资源利用率分为绝对利用率和相对利用率。其中生产资源绝对利用率是指各种生产资源投入使用的比率，该比率越高，绝对利用率就越高。生产资源相对利用率是指各种生产资源产生的实际效益与最大效益之比。换句话说，生产资源相对利用率是观察是否可以通过调整生产资源的使用状态提高效益的指标。

第一节　数据源

生产资源包括机器、工人、原材料、现金等。其中现金是各个部门的公共资源，更多地表现出财务属性，我们将放到本篇第八章一起讨论。原材料是重要的生产资源，但是当现金足够充分时，原材料可以几乎不受限制地补充，通常不会限制和制约生产的规模。而原材料的采购节奏和规模直接产生的后果是储运费用和财务费用的增减，所以归到财务资源利用分析中更合适。机器和工人相比较而言，工人相对反应速度快、受到的限制较小，机器反应速度慢、受到的限制大，所以机器将是本章分析的核心主线，工人是另一条主线。

分析的公式可以很简单：

未得到利用的机器（工人）数 = 实际拥有的机器（工人）数 - 得到利用的机器（工人）数

因此，我们需要准备的数据就是实际拥有的机器、工人数和得到利用的机器、工人数。其中实际拥有的机器直接采集自上"期末企业状况"；实际拥有的工人（当量）数则等于上"期末企业状况"中的"工人数"减去本期退休数加上本期"新雇人数"的1/4。

"得到利用的机器、工人数"的采集方法比较多，例如：

1. 用王其文教授的预算模型的同学，可直接从每期的方案中的"生产"页的"需求总人数"、"可用人数"、"需求总机器"和"现有机器"等表元中获取有关数据。

2. 用第二篇第三章方法自己制作预算模型的同学，可在"生产"页的第4、11、17、23等行直接取得结果数据。

3. 如果是分析其他公司等情况没有预算方案数据支持，也可从系统的"各期可行决策"中采集并筛选出产量数据再与《规则》中的"生产单个产品所需要的资源"中的相应数据相乘产生得到"利用的机器、工人数"。

4. 还会有其他方法，同学们可自选。

生产资源利用率原始数据及计算表

表 4-3-1

1435 赛区—01 公司：

期	生产安排	产品A	产品B	产品C	产品D 正	产品D 加	使用机器	使用工人	实有工人（正）	实有工人（加）	剩余机器	剩余工人
9	一班	228	0	0	0	0	74.5	87.7	150	68	45.5	0.31
9	二班	0	0	0	156	78	75	75	163	4		42
10	一班	0	0	0	59	0	120	116	214	100	0.08	2.18
10	二班	0	0	0	156	78	75	75	6	233		0
11	一班	200	378	0	0	0	170	203	308	50	0.27	0
11	二班	0	0	0	221	110	106	106	9	312	0.77	0.49 0.58
12	一班	250	435	0	0	0	200	239	349	104	0.1	65.6
12	二班	0	0	0	260	130	125	125	10	365	0	0
13	一班	250	435	0	0	0	200	239	443	130	0.1	0
13	二班	0	0	0	260	130	125	138	13	430		
14	一班	287	470	0	0	0	220	264	430	0	0.12	17
14	二班	0	0	0	286	143	138	138	12	418	0	0
15	一班	290	529	0	0	0	240	287	418	130	0.14	48.9 1.39
15	二班	0	0	0	312	156	150	150	12	439	0	0
16	一班	290	529	0	0	0	240	287	536	0	0.14	
16	二班	0	0	0	312	156	150	150	50	486	0	0

	机器	工人
	120	150
	170	200
	300	220
	400	250
	机器	人力

列号：1　2　3　4　5　6　7　8　9　10　11　12　13　14　15　16　17　18　19　20　21　22　23　24　25　26　27　28　29　30　31　32　33　34

第二节　采集数据并加工计算

这里用上节第 3 种方法，获得并计算数据如表 4 - 3 - 1 所示。

说明：表 4 - 3 - 1 中第 1、2、3 行是列标题；第 1、2 列是行标题。第 1 行为"期"，从第 9 到第 16 期计 8 期。每期下分班次，在第 2、3 行标示。从内容上看，第 4、5、6、7 行分别是四种产品；第 8 行（双行）是得到利用的机器和工人数；第 9 行（双行）是实际拥有的机器和工人数，其中第 9 行（下）每期的前三个数分别是期初工人数、本期新雇人数和本期辞退人数，第四个（最后一个）数是本期实际拥有的工人（当量）数；第 10 行（双行）是本章分析所需数据（实际拥有的机器和工人数减去得到利用的机器和工人数），即未得到利用的机器和工人数。我们希望未得到利用的机器和工人数越小越好，理论上为"0"最好。未得到利用的机器数按一班正班、二班正班和二班加班分别考核；工人每期用总数考核。第 11、12 行是"生产单个产品所需要的资源"。

第三节　制图

从表 4 - 3 - 1 中筛选出未得到利用的机器和工人数整理如表 4 - 3 - 2、图 4 - 3 - 1 所示。

表 4 - 3 - 2　　　筛选出所需数据并按制图需要排列后所得分析表

班　次	第 9 期	第 10 期	第 11 期	第 12 期	第 13 期	第 14 期	第 15 期	第 16 期
机一正	45.47	0.08	0.27	0.1	0.1	0.12	0.14	0.14
机二正	0	0	0	0	0	0	0	0
机二加	0	0	0.77	0	0	0	0	0
工人	0.31	41.95	2.18	0.58	65.58	16.95	1.39	48.89

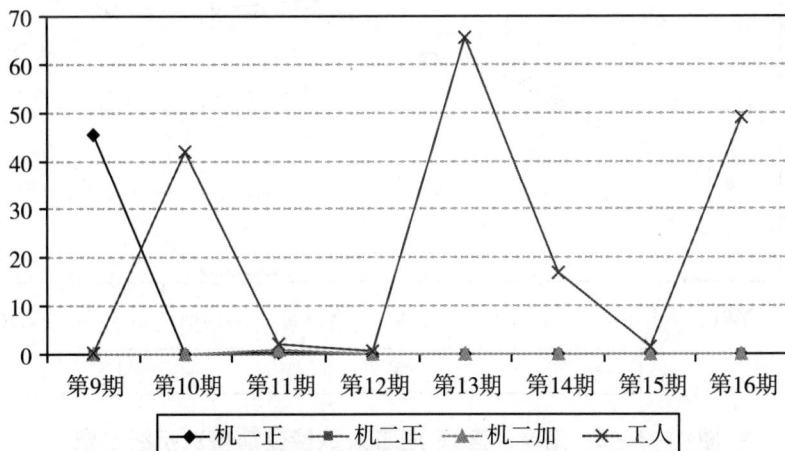

图 4 - 3 - 1　未得到利用的机器和工人在第 9 ~ 16 期的分布

第四节　观察并分析

观察图 4-3-1 所示四条折线，其中"未得到利用的工人"数波动很大，在第 10、13 和 16 期都有惊人的浪费。再把图 4-3-1 的"未得到利用的工人"线与图 4-2-1 的"公司 1 各期利润历史数据折线"拟合比对，发现公司 1 在第 10、13 和 16 期也发生了利润明显下降的情况。两者在时间上高度拟合。说明"未得到利用的工人"数突然增大是公司利润降低的重要原因。

最后再回头观察第 9 期一班正班机器的浪费情况：如果把原来单纯生产 B 调整为 DB 组合或 DA 组合，可能就好得多。同学们可以一试。

结合表 4-3-2 所示数据，可以发现本公司机器利用率非常高，从第 10 期到第 16 期几乎都能得到充分利用；但工人利用率波动很大，几乎是间隔性地大幅起伏。联想到规则规定的机器和工人增加节奏的截然不同，我们可以进一步观察本公司工人数量变化的过程。筛选并整理数据如表 4-3-3、图 4-3-2 所示。

表 4-3-3　　　　　　　　　　第 9～第 16 期工人数量变动情况表

期	第 9 期	第 10 期	第 11 期	第 12 期	第 13 期	第 14 期	第 15 期	第 16 期
期初	150	214	308	349	443	430	418	536
新雇	68	100	50	104	0	0	130	0
辞退	4	6	9	10	13	12	12	50
当量	163	233	311.5	365	430	418	438.5	486

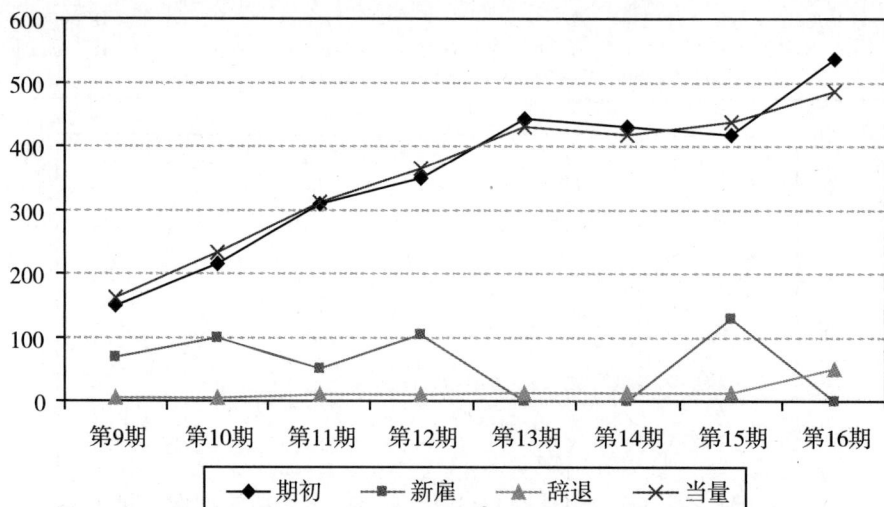

图 4-3-2　第 9～第 16 期工人数量变动情况折线示意

观察图 4 - 3 - 2 四条折线和表 4 - 3 - 3 中的数据，可以明显地发现第 15 期的不当新雇以及其后产生的第 16 期的不当辞退。仅此一进一出造成的浪费至少在 $(600 + 2000) \times 40 = 14.4$ 万元。这很可能是初学者缺乏经验，前期面对工人紧缺的局面未能长远考虑而匆忙决定快速增加工人，到中期随着新机器购买量急剧减少，同时大批新工人转变成熟练工人，原来"短缺"的工人资源突然变成"积压"了。

这是个比较常见又较难解决的问题。我们不妨结合本案例探讨一下具体的解决方案：为本公司设计一个"理想"的工人增加方案。限于篇幅，我们在这里仅研究：在现有机器和生产方案条件下工人的增加方案。

在现有机器和生产方案条件下工人的增加方案比较简单，首先把实际利用的工人数整理出来，再拟合出"理想"的工人增加方案。如表 4 - 3 - 4 所示。

表 4 - 3 - 4　　在现有机器和生产方案条件下工人的增加方案（改进）

	期	第 9 期	第 10 期	第 11 期	第 12 期	第 13 期	第 14 期	第 15 期	第 16 期	合计
1	期初	150	214	308	349	443	430	418	536	
2	新雇	68	100	50	104	0	0	130	0	452
3	辞退	4	6	9	10	13	12	12	50	116
4	当量	163	233	311.5	365	430	418	438.5	486	
5	多余 1	0.31	41.95	2.18	0.58	65.58	16.95	1.39	48.89	178
6	需要	162.7	191.1	309.3	364.4	364.4	401.1	437.1	437.1	
7	增量		28.36	118.3	55.1	0	36.63	36.06	0	
8	新雇	68	89	88	0	44	61	13	13	376
9	辞退	4	6	9	11	11	12	13	13	79
10	期初	150	214	297	376	365	398	447	447	
11	当量	163	230.3	310	365	365	401.3	437.3	437.3	
12	多余 2	0.31	39.2	0.68	0.58	0.58	0.2	0.14	0.14	41.8

表 4 - 3 - 4 的第 1 至第 4 行与表 4 - 3 - 3 完全相同，只是为了对比和计算方便，在这里重复出现。第 5 行数据来自表 4 - 3 - 2 "工人"行。第 6 行等于第 4 行减去第 5 行。第 7 行根据第 6 行计算得出。第 8、9 两行是改进后的决策数。第 10、11 行是改进决策后的相应数据，根据第 8、9、10 行数据计算得出。第 12 行为改进后的"未得到利用工人数"。

把改进前后"未得到利用工人数"制成折线图如图 4 - 3 - 3 所示。

观察三组数据，可直接看出改进的效果。

第一组：改进前后"未得到利用工人数"折线图和表 4 - 3 - 4 中第 5 行和第 12 行数据的对比。浪费（未利用）规模得到显著的控制，浪费人季[①]从 178 降低为 41.8。仅第

---

① 人季，计量单位，一个工人一季度的量。

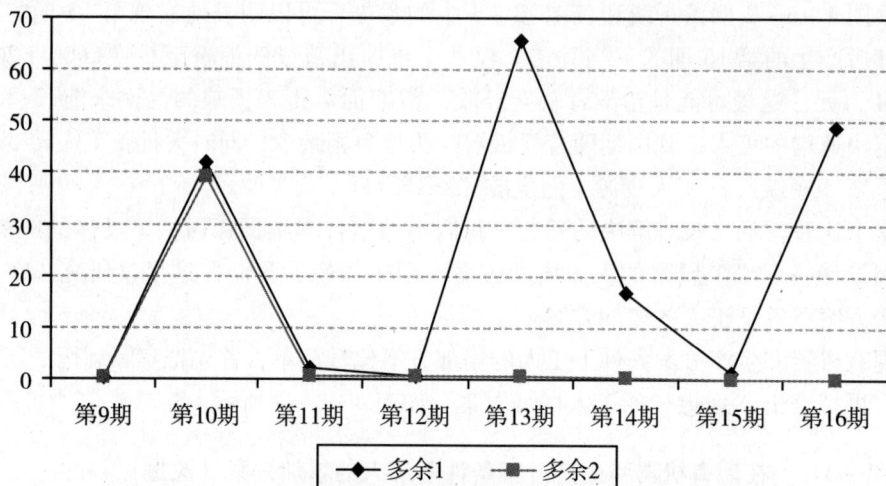

图4-3-3 改进前后"未得到利用工人数"折线示意

13、14、16 等期就节约 130 人季。按基本工资计算 $10 \times 520 \times 130 = 67.6$ 万元。

第二组：改进前后"新雇工人"合计数，从 452 人降低为 376 人。少雇 453 - 376 = 77（人）。节约新工人培训费 $1600 \times 77 = 12.32$ 万元。

第三组：改进前后"辞退工人"合计数，从 116 人降低为 79 人。少辞退 116 - 79 = 37（人）。节约一次性生活安置费 $2000 \times 37 = 6.4$ 万元。

以上三项合计 $67.6 + 12.32 + 6.4 = 86.32$ 万元。

第 13 期和第 16 期实际取得利润约 256 万元。上述节约如果由这两期"分享"，利润可提高 1/3，达到 342 万元。

这是未对机器购买和生产排班改进的情况下取得的节约。如果在第 10 期主要生产产品 AB，工人就可得到充分得多的利用。

如果统筹安排长远规划，应该还能取得大得多的改进效益。

第四章 生产资源利用分析（二）
——产品结构

如果未得到利用的机器和工人都为零（或接近零），是否利用就充分了呢？回答是：不一定！本章将分析产品结构对机器和工人利用效果的影响。在这里我们是用边际效益分析的方法研究如何通过调整产品结构提高机器和工人的使用效果。也就是说如果我们把生产任何一种产品的资源转换到生产另一种产品，总体效益都不会发生改变，这样的产品结构才是最好（效益最高）的产品结构。

第一节 分析原理与数据源

一、贡献

根据研究目的，我们现在需要在产品结构的变动与效益的变动之间建立映射关系。

为了增强分析的可操作性，我们在这里引入"贡献"这个概念。定义：贡献＝出厂价格－内部成本

其中：出厂价格＝平均市场价格－平均变动运费①

内部成本＝机器小时×机器内部单位成本＋工人小时×工人内部单位成本＋原材料②

二、贡献率

在贡献的基础上，我们建立三个可进行跨产品比较的指标：单位机器贡献率、单位工人贡献率和单位成本贡献率。其中：

$$单位机器贡献率＝贡献/机器小时$$
$$单位工人贡献率＝贡献/工人小时$$
$$单位成本贡献率＝贡献/内部成本$$

这样，我们就把"产品"看成了"通道"。比较各种资源每一单位通过不同的"通道"产生的贡献，进行分析。

---

① 同学们可以想一想：需要扣除固定运费吗？
② 参见附录二。

第二节　采集计算

一、出厂价格

把营销部门看成"非营利"部门，变动费用从价格中抵扣，不变费用直接支付。按照第一节的提示，从"各期可行决策"中采集数据并筛选计算出"平均市场价格"；再从《规则》中采集数据并计算出"平均变动运费"；最后计算出"出厂价格"如表4-4-1所示。

表4-4-1　　　　　　　本公司各产品各期出厂价格计算所示

9期

市场1	市场2	市场3	市场4	平均价格		出厂价格	平均运费	市场1运费	市场2运费	市场3运费	市场4运费
4000	4000	4200	4200	4100	A	3965	135	40	100	200	200
7000	7000	7200	7200	7100	B	6600	500	300	500	600	600
8000	8000	8200	8200	8100	C	7450	650	400	600	800	800
9700	9700	10000	10000	9850	D	9100	750	500	700	900	900

10期

市场1	市场2	市场3	市场4	平均价格		出厂价格	平均运费
4500	4500	4800	4800	4650	A	4515	135
7000	7000	7100	7100	7050	B	6550	500
30000	30000	30000	30000	30000	C	29350	650
11000	11000	10999	10999	10999.5	D	10249.5	750

11期

市场1	市场2	市场3	市场4	平均价格		出厂价格	平均运费
4500	4500	4800	4800	4650	A	4515	135
7000	7000	7100	7100	7050	B	6550	500
30000	30000	30000	30000	30000	C	29350	650
11000	11000	10999	10999	10999.5	D	10249.5	750

12期

市场1	市场2	市场3	市场4	平均价格		出厂价格	平均运费
4500	4500	4800	4800	4650	A	4515	135

市场1	市场2	市场3	市场4	平均价格		出厂价格	平均运费
7400	7400	7150	7150	7275	B	6775	500
30000	30000	30000	30000	30000	C	29350	650
11000	11000	12000	12000	11500	D	10750	750

13 期

市场1	市场2	市场3	市场4	平均价格		出厂价格	平均运费
4600	4600	4900	4900	4750	A	4615	135
7500	7500	7200	7200	7350	B	6850	500
30000	30000	30000	30000	30000	C	29350	650
13000	13000	12050	12050	12525	D	11775	750

14 期

市场1	市场2	市场3	市场4	平均价格		出厂价格	平均运费
4700	4700	5000	5000	4850	A	4715	135
7500	7500	7100	7100	7300	B	6800	500
30000	30000	30000	30000	30000	C	29350	650
13000	13000	12050	12050	12525	D	11775	750

15 期

市场1	市场2	市场3	市场4	平均价格		出厂价格	平均运费
4700	4700	5000	5000	4850	A	4715	135
7350	7350	7050	7050	7200	B	6700	500
30000	30000	30000	30000	30000	C	29350	650
12500	12500	12000	12000	12250	D	11500	750

16 期

市场1	市场2	市场3	市场4	平均价格		出厂价格	平均运费
4600	4600	4900	4900	4750	A	4615	135
7500	7500	7200	7200	7350	B	6850	500
30000	30000	30000	30000	30000	C	29350	650
12400	12400	12500	12500	12450	D	11700	750

二、内部成本和单位贡献

按照上节的公式，计算出内部成本、贡献和各单位贡献如表 4 - 4 - 2 所示。

表 4 - 4 - 2　　本公司各产品各期内部成本、贡献和各单位贡献计算

	出厂价格	内部成本	贡献	产品	机器	工人	单位机器贡献	单位工人贡献	单位成本贡献
9	3965	2628	1337	A	120	150	11.1	8.9	0.5
	6600	4319	2281	B	170	200	13.4	11.4	0.5
	7450	5909	1541	C	300	220	5.1	7	0.2
	9100	7492	1608	D	400	250	4	6.4	0.2
10	4515	2628	1887	A	120	150	15.7	12.5	0.7
	6550	4319	2231	B	170	200	13.1	11.1	0.5
	29350	5909	23441	C	300	220	78.1	107	3.9
	10250	7492	2758	D	400	250	6.8	11	0.3
11	4515	2628	1887	A	120	150	15.7	12.5	0.7
	6550	4319	2231	B	170	200	13.1	11.1	0.5
	29350	5909	23441	C	300	220	78.1	107	3.9
	10250	7492	2758	D	400	250	6.8	11	0.3
12	4515	2628	1887	A	120	150	15.7	12.5	0.7
	6775	4319	2456	B	170	200	14.4	12.2	0.5
	29350	5909	23441	C	300	220	78.1	107	3.9
	10750	7492	3258	D	400	250	8.1	13	0.4
13	4615	2628	1987	A	120	150	16.5	13.2	0.7
	6850	4319	2531	B	170	200	14.8	12.6	0.5
	29350	5909	23441	C	300	220	78.1	107	3.9
	11775	7492	4283	D	400	250	10.7	17.1	0.5
14	4715	2628	2087	A	120	150	17.3	13.9	0.7
	6800	4319	2481	B	170	200	14.5	12.4	0.5
	29350	5909	23441	C	300	220	78.1	107	3.9
	11775	7492	4283	D	400	250	10.7	17.1	0.5
15	4715	2628	2087	A	120	150	17.3	13.9	0.7
	6700	4319	2381	B	170	200	14	11.9	0.5
	29350	5909	23441	C	300	220	78.1	107	3.9
	11500	7492	4008	D	400	250	10	16	0.5
16	4615	2628	1987	A	120	150	16.5	13.2	0.7
	6850	4319	2531	B	170	200	14.8	12.6	0.5
	29350	5909	23441	C	300	220	78.1	107	3.9
	11700	7492	4208	D	400	250	10.5	16.8	0.5

第三节 制图

其实我们从表 4-4-2 中已经可以观察出问题。不过为了更清楚起见，下面仍然按部就班地分别制作图表。

一、单位机器贡献率

表 4-4-3　　　　　　　本公司各产品各期单位机器贡献率数据

	产品 A	产品 B	产品 C	产品 D
第 9 期	11.1	13.4	5.1	4
第 10 期	15.7	13.1	78.1	6.8
第 11 期	15.7	13.1	78.1	6.8
第 12 期	15.7	14.4	78.1	8.1
第 13 期	16.5	14.8	78.1	10.7
第 14 期	17.3	14.5	78.1	10.7
第 15 期	17.3	14	78.1	10
第 16 期	16.5	14.8	78.1	10.5

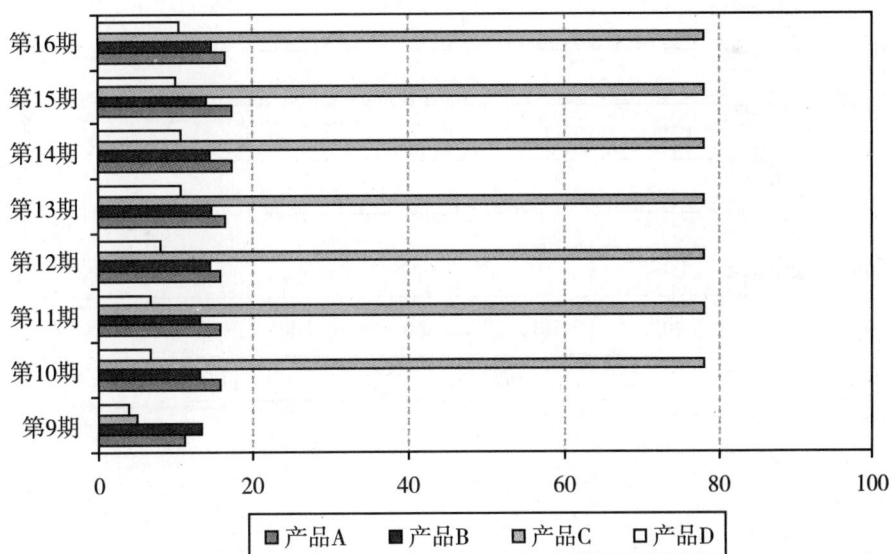

图 4-4-1　单位机器贡献率条形示意

二、单位工人贡献率

表 4 - 4 - 4   本公司各产品各期单位工人贡献率数据

	产品 A	产品 B	产品 C	产品 D
第 9 期	8.9	11.4	7	6.4
第 10 期	12.5	11.1	106.5	11
第 11 期	12.5	11.1	106.5	11
第 12 期	12.5	12.2	106.5	13
第 13 期	13.2	12.6	106.5	17.1
第 14 期	13.9	12.4	106.5	17.1
第 15 期	13.9	11.9	106.5	16
第 16 期	13.2	12.6	106.5	16.8

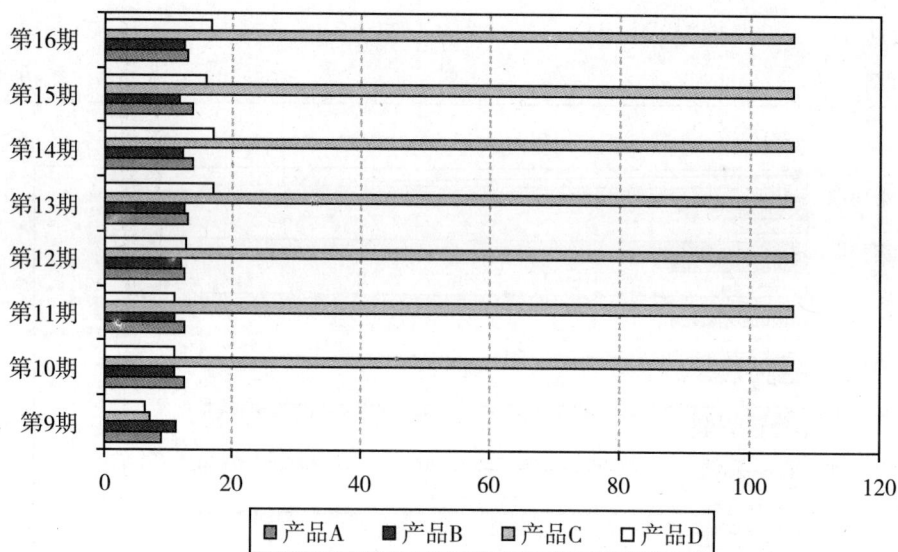

图 4 - 4 - 2   单位工人贡献率条形示意

三、单位成本贡献率

表4-4-5　　　　　　本公司各产品各期单位成本贡献率数据

	产品 A	产品 B	产品 C	产品 D
第 9 期	0.5	0.5	0.2	0.2
第 10 期	0.7	0.5	3.9	0.3
第 11 期	0.7	0.5	3.9	0.3
第 12 期	0.7	0.5	3.9	0.4
第 13 期	0.7	0.5	3.9	0.5
第 14 期	0.7	0.5	3.9	0.5
第 15 期	0.7	0.5	3.9	0.5
第 16 期	0.7	0.5	3.9	0.5

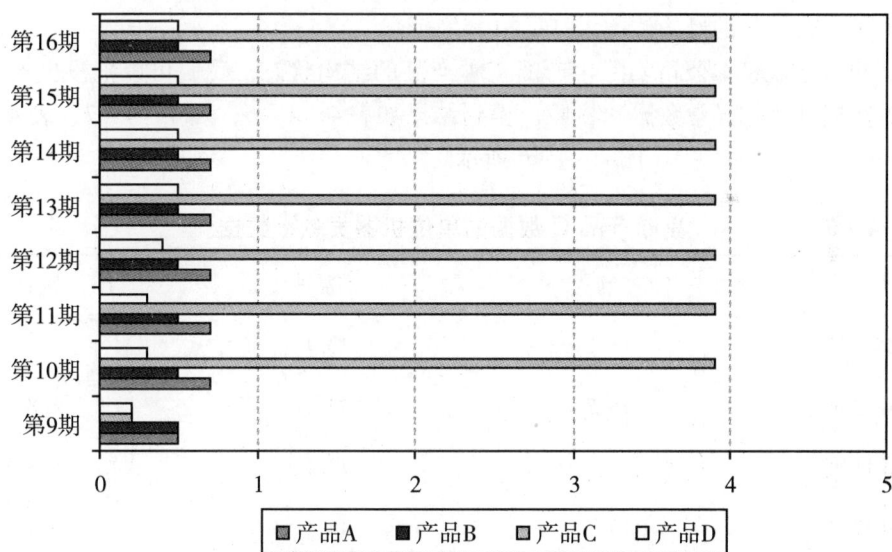

图4-4-3　单位成本贡献率条形示意

第四节　观察分析

前三节数据加工，千辛万苦，现在终于可以享受成果了。

第三节的三张图非常明确地显示：产品 C 的三个单位贡献率都远远高出其他三个产

品；产品 D 的单位机器贡献率和单位成本贡献率明显偏低。

按照边际收益递减规律，改进的方法很简单：提高产品 C 的产量，降低产品 D 的产量。

回头再看本公司的产品结构，发现从头至尾没开工生产产品 C。

另外，本公司用二班正班和加班计 12 小时只生产产品 D，一班正班 8 小时生产产品 A 和 B。即 60% 的机器产能用于生产产品 D。这是造成产品 D 贡献率低的关键原因。这样的安排造成产品 D 过多，市场价格下跌；产品 C 奇缺，价格暴涨。

解决问题的方法是适当减少产品 D 的产量，并安排产品 C 的生产。

理论上，四条条形完全等长，总效益最大。但图 4-4-1、图 4-4-2 和图 4-4-3 所示的三个指标同时做到"四条折线完全重合"是很难的。此时，可以考虑主次。通常，机器资源是受到约束最大的资源。所以我们可首先追求图 4-4-1 中的四条条形完全等长。使得机器的效率得到最大的发挥。其他的配套资源（例如工人）比较容易调剂。这样整体效益最好。

关于产品结构，我们可以用更抽象的方式思考。在经营活动的起点上，我们有机器、工人、原材料、现金等资源。这些资源通过 A、B、C、D 四个通道运行到终点。我们希望到终点时的增值最大。手段是调整四个通道的流量比例。

经过上述观察分析，本公司的同学们终于明白了：在两年的任职期间，居然白白放弃了珍贵的产品 C 的四个市场，同时，让其他市场尤其是产品 D 的市场凭空增加了巨大的压力，并因此使公司的经济效益大打折扣。

为了更好地观察本公司实际生产的三种产品的结构状态，我们可以把没生产的产品 C 的有关数据（当作异常数据）剔除。得到结果如表 4-4-6、表 4-4-7、表 4-4-8 和图 4-4-4、图 4-4-5、图 4-4-6 所示。

表 4-4-6   剔除产品 C 数据的单位机器贡献率数据

	产品 A	产品 B	产品 D
第 9 期	11.1	13.4	4
第 10 期	15.7	13.1	6.8
第 11 期	15.7	13.1	6.8
第 12 期	15.7	14.4	8.1
第 13 期	16.5	14.8	10.7
第 14 期	17.3	14.5	10.7
第 15 期	17.3	14	10
第 16 期	16.5	14.8	10.5

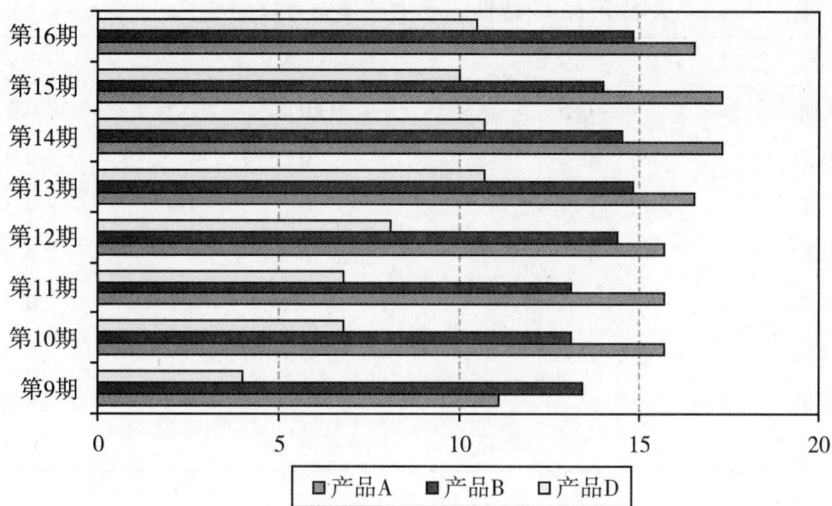

图4－4－4　剔除产品C数据的单位机器贡献率条形示意

表4－4－7　　　　　　剔除产品C数据的单位工人贡献率数据

	产品 A	产品 B	产品 D
第 9 期	8.9	11.4	6.4
第 10 期	12.5	11.1	11
第 11 期	12.5	11.1	11
第 12 期	12.5	12.2	13
第 13 期	13.2	12.6	17.1
第 14 期	13.9	12.4	17.1
第 15 期	13.9	11.9	16
第 16 期	13.2	12.6	16.8

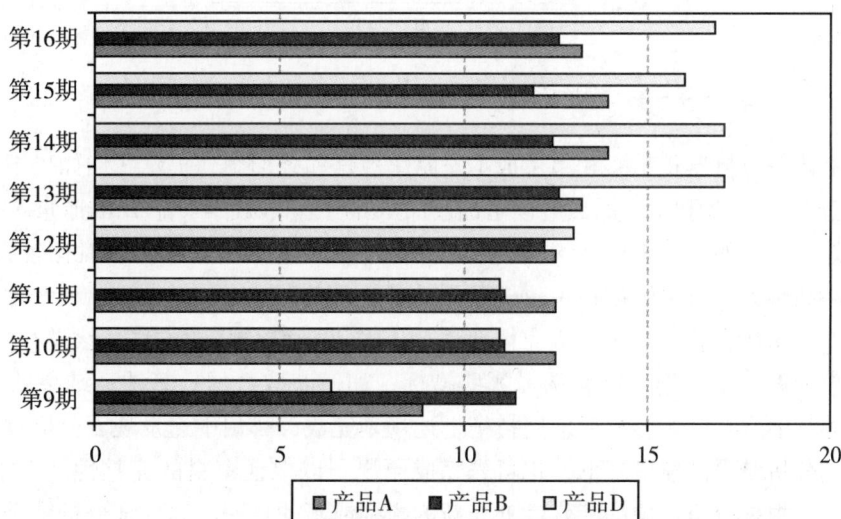

图4－4－5　剔除产品C数据的单位工人贡献率条形示意

表 4 – 4 – 8　　　　　　　　剔除产品 C 数据的单位成本贡献率数据表

	产品 A	产品 B	产品 D
第 9 期	0.5	0.5	0.2
第 10 期	0.7	0.5	0.3
第 11 期	0.7	0.5	0.3
第 12 期	0.7	0.5	0.4
第 13 期	0.7	0.5	0.5
第 14 期	0.7	0.5	0.5
第 15 期	0.7	0.5	0.5
第 16 期	0.7	0.5	0.5

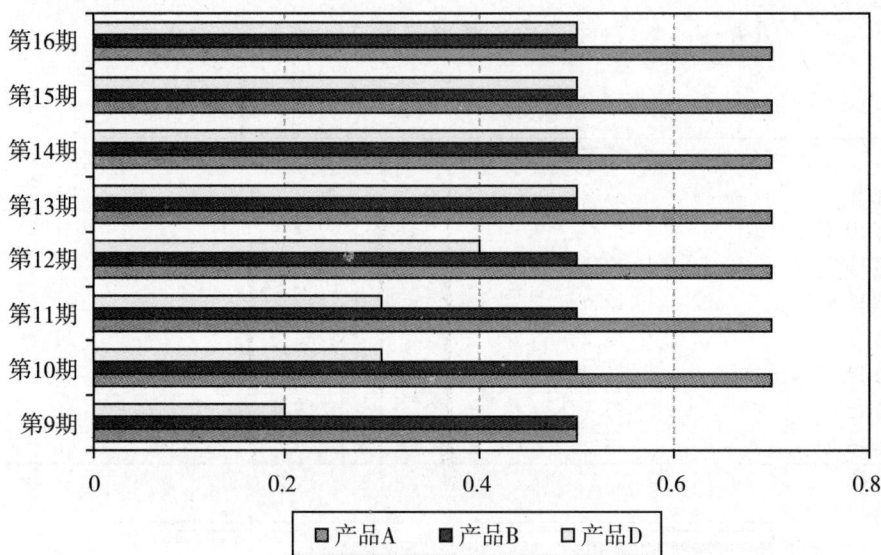

图 4 – 4 – 6　剔除产品 C 数据的单位成本贡献率条形示意

　　观察上述单位机器贡献率和单位成本贡献率数据和条形图，提示我们如果不考虑产品 C，只研究产品 A、B 和 D，那么应该增加产品 A 的产量，减少产品 D 的产量，达到增加整个公司效益的目的。至于单位工人贡献率，由于工人作为"资源"相对比较容易获得，在制订产品结构方案时可以放在单位机器贡献率之后考虑。

　　通过上述举例，我们还希望大家体会：（1）作为业绩分析的方法虽然没有一定之规，但应该在事前做一个规划，比如选择哪些指标；如何获取数据；算法；结果的经济学意义；解读等。通常在开始分析后应坚持把上述规划完成，哪怕中途发现因分析对象的某些特殊性造成分析结果的意义降低，也可先完成原规划以保证资料的完整性。（2）在分析执行过程中可根据分析对象的特殊性补充新的指标或新的算法，以保证分析结果具有较为充分的意义。

第五章 市场营销效果分析（一）

营销部门是公司的先锋。该部门的分析重点应该是市场资源充分利用的情况。

我们可以设想营销部门独立于公司之外，自负盈亏，收支平衡。营销部门从公司取货，销售后扣除广告营销费等，把剩余现金返回公司。

如果我们把营销部门返回给公司的现金除以销售的产品数，得到的结果看作"价格"[①]，将比较方便我们下面的分析。

市场资源的充分利用可分为两个方面考察：价格和配送。本章我们先研究价格对市场营销效果的影响及其分析方法。下章再研究配送对市场营销效果的影响及其分析方法。

第一节 采集

在"内部信息"的"期末产品状况"中，采集第 9～16 期各产品"下期订货"和"期末库存"数据。先从系统中下载原始数据如表 4 – 5 – 1 所示。

表 4 – 5 – 1　　　　　　本公司第 9～16 期"期末产品状况"

1435 赛区——01 公司：业绩分析（难度为 9 级，已模拟了 16 期）

第 9 期末企业的产品状况

产品	市场	上期预订	本期需求	本期销售	市场份额	下期订货	期末库存	废品
A	1	0	86	86	0.050	0	77	0
A	2	0	86	86	0.050	0	77	0
A	3	0	122	122	0.064	0	45	0
A	4	0	127	127	0.066	0	34	0
B	1	0	65	65	0.059	0	7	0
B	2	0	65	65	0.058	0	7	0
B	3	0	147	147	0.123	0	14	6
B	4	0	116	116	0.082	0	34	6
C	1	0	75	0	0.000	30	0	0
C	2	0	75	0	0.000	30	0	0
C	3	0	80	0	0.000	24	0	0
C	4	0	87	0	0.000	26	0	0

[①]　相当于公司"销售"给营销部门的"价格"。

D	1	0	61	0	0.000	24	0	0
D	2	0	60	0	0.000	24	0	0
D	3	0	80	0	0.000	24	0	0
D	4	0	87	0	0.000	26	0	0

产品	工厂库存	本期研发	累积研发	产品等级
A	99	100000	200000	2.000
B	66	100000	300000	2.000
C	0	300000	300000	1.000
D	234	500000	500000	1.000

⋮

第 10 ~ 15 期末企业的产品状况（略）

⋮

1435 赛区——01 公司：业绩分析（难度为 9 级，已模拟了 16 期）

第 16 期末企业的产品状况

产品	市场	上期预订	本期需求	本期销售	市场份额	下期订货	期末库存	废品
A	1	0	81	81	0.092	0	0	2
A	2	0	99	99	0.101	0	0	2
A	3	0	76	73	0.079	0	0	2
A	4	0	73	73	0.071	0	0	2
B	1	7	85	77	0.080	5	0	3
B	2	7	86	77	0.082	5	0	3
B	3	0	208	179	0.159	7	0	6
B	4	0	217	179	0.153	9	0	6
C	1	0	0	0	0.000	0	0	0
C	2	0	0	0	0.000	0	0	0
C	3	0	0	0	0.000	0	0	0
C	4	0	0	0	0.000	0	0	0
D	1	0	100	100	0.126	0	34	4
D	2	0	84	84	0.106	0	59	4
D	3	2	144	116	0.103	9	0	4
D	4	10	150	125	0.105	10	0	5

产品	工厂库存	本期研发	累积研发	产品等级
A	74	0	300000	3.762
B	136	0	600000	5.762
C	0	0	300000	1.762
D	117	0	1000000	5.762

第二节　分列、调整、筛选

经过分列、调整、筛选等一系列处理后，得到结果如表 4 - 5 - 2 所示。

本公司第9～16期各产品各市场供求差计算

表4-5-2

产品	第9期			第10期			第11期			第12期			第13期			第14期			第15期			第16期		
	下期订货	期末库存	供求差	下期订货	期末库存	供求差	下期订货	期末库存	供求差	下期订货	期末库存	供求差	下期订货	期末库存	供求差	下期订货	期末库存	供求差	下期订货	期末库存	供求差	下期订货	期末库存	供求差
A1	0	0	77	0	0	16	0	0	0	5	0	0	0	0	0	0	0	24	0	0	13	0	0	0
A2	0	0	77	0	0	25	0	0	0	0	0	0	0	0	0	0	0	27	0	0	31	0	0	0
A3	0	0	45	0	0	0	0	0	0	0	0	0	0	0	0	0	0	17	0	0	0	0	0	0
A4	0	0	34	1	0	0	0	0	0	0	0	0	0	0	0	0	0	19	0	0	0	0	0	0
B1	0	0	7	26	0	0	31	0	0	18	0	0	19	0	0	0	0	0	7	0	0	5	0	0
B2	0	0	7	25	0	0	31	0	0	14	0	0	19	0	0	0	0	0	7	0	0	5	0	0
B3	0	0	14	0	0	0	0	0	0	0	2	0	0	54	0	0	0	68	7	0	0	7	0	0
B4	0	0	34	0	0	0	0	0	0	0	0	0	0	40	0	0	0	57	0	0	0	9	0	0
C1	30	0	0	0	0	0	0	0	0	0	0	0	0	0	0	0	0	0	0	0	0	0	0	0
C2	30	0	0	0	0	0	0	0	0	0	0	0	0	0	0	0	0	0	0	0	0	0	0	0
C3	24	0	0	0	0	0	0	0	0	0	0	0	0	0	0	0	0	0	0	0	0	0	0	0
C4	26	0	0	0	0	0	0	0	0	0	0	0	0	0	0	0	0	0	0	0	0	0	0	0
D1	24	0	0	4	0	0	36	0	0	56	0	0	9	0	0	0	0	5	0	0	28	0	0	34
D2	24	0	0	3	0	0	34	0	0	56	0	0	9	0	0	0	0	5	0	0	37	0	0	59
D3	24	0	0	0	0	0	34	0	0	0	0	0	0	0	0	0	0	65	2	0	0	9	0	0
D4	26	0	0	0	0	0	37	0	0	4	0	0	0	0	0	0	0	57	10	0	0	10	0	0

第三节　制图

在表 4 - 5 - 2 中，我们有意识地在每期增加了一列"供求差"，表示供不应求（负号）和供过于求（正号）及其程度。如果我们把该列的公式定义为："期末存货" - 4 × "下期订货"，并且删除"期末存货"和"下期订货"数据和等 9 期产品 C、D 的数据[①]，再稍加整理，得到结果如表 4 - 5 - 3 所示。根据表 4 - 5 - 3 绘制柱状图如图 4 - 5 - 1 所示。

表 4 - 5 - 3　　　　　　本公司第 9 ~ 16 期各产品各市场供求差结果

产品市场	第 9 期	第 10 期	第 11 期	第 12 期	第 13 期	第 14 期	第 15 期	第 16 期
A1	77	16	0	- 20	0	24	13	0
A2	77	25	0	0	0	27	31	0
A3	45	0	0	0	0	17	0	0
A4	34	- 4	0	0	0	19	0	0
B1	7	- 104	- 124	- 72	- 76	0	0	- 20
B2	7	- 100	- 124	- 56	- 76	0	0	- 20
B3	14	0	0	2	54	68	0	- 28
B4	34	0	0	0	40	57	0	- 36
C1	0	0	0	0	0	0	0	0
C2	0	0	0	0	0	0	0	0
C3	0	0	0	0	0	0	0	0
C4	0	0	0	0	0	0	0	0
D1	0	- 16	- 144	- 224	- 36	5	28	34
D2	0	- 12	- 136	- 224	- 36	5	37	59
D3	0	0	- 136	0	0	65	- 8	- 36
D4	0	0	- 148	- 16	0	57	- 40	- 40

关于上式中的"4 ×"，解释如下。

[①]　第 9 期没生产产品 C、D。

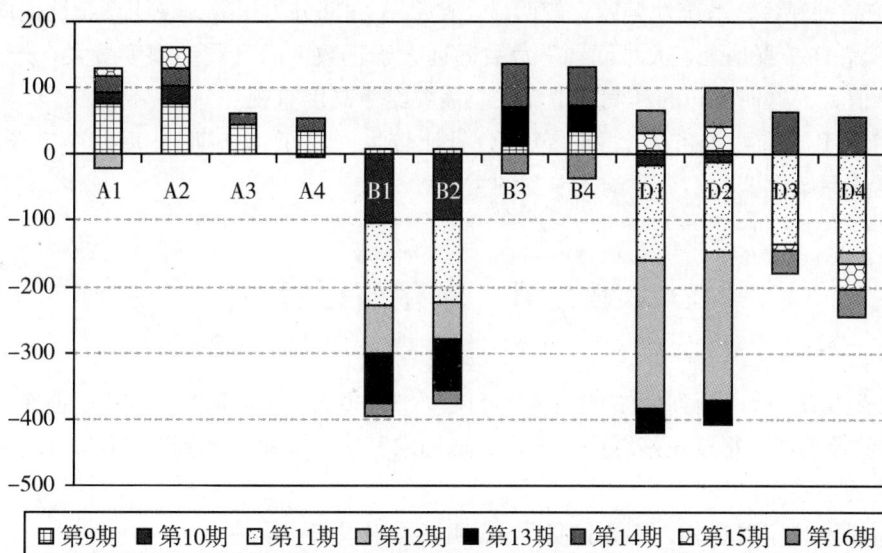

图 4 - 5 - 1　本公司第 9～16 期各产品各市场供求差柱状示意

在这里，我们希望将"下期订货"数据转换成供不应求的具体数值。根据《规则》："当市场对某公司的产品需求多于公司在该市场的库存加本期运去的总量时，多余的需求按以下比例变为对下期的订货……

	产品 A	产品 B	产品 C	产品 D
市场 1	30.0%	35.0%	40.0%	40.0%
市场 2	30.0%	35.0%	40.0%	40.0%
市场 3	22.0%	25.0%	30.0%	30.0%
市场 4	22.0%	25.0%	30.0%	30.0%"

要想把表 4 - 5 - 2 中的"下期订货"数据转换成供不应求的具体数值，只要用"下期订货"数据对应除以上面的系数即可。为了计算简便，我们希望用一个统一的系数进行转换。把上面订货比例表中的 16 个数字分成四个象限：第三象限小于或等于 1/4；第二、四象限约等于 1/3；第一象限等于 1/2.5。考虑到订货比存货对公司的"危害"要大，这里偏大取 4 倍。

第四节　观察并分析

观察图 4 - 5 - 1，可以发现几点问题：

1. 正数 28 个，负数 29 个，总体个数基本持平。

2. 正数在 0～77 范围内基本均匀分布；负数在 0～150 范围内分布，另有两个点达到 -224。说明本公司营销总监有"担心卖不掉"的心理。[1]

---

① 实际上，许多初学者都有这种心理。消除这种心理可以通过理论分析和经验积累。

3. 按品种观察，系统性偏差比较明显。产品 A 大部分为正数，说明系统性偏向积压。

4. 产品 D 一直是个老大难问题。负数远远大于正数，而且震动幅度最大。产品 D 成本高、产值大，这使公司的利润大量流失。需要给予高度重视。

5. 产品 B 在前两个市场上清一色负数且比较大（除了第 9 期），后两个市场正数为主。也属于系统性偏差，需要给予专门的关注。

第五节　库存与订货

在一般情况下，我们追求的是库存与订货均为 "0"，即所谓的双 "0"。但在实践中，双 "0" 就像钢丝，很难正好踩中。那么，退而求其次，如果达不到双 "0"，库存与订货哪个损失更小些呢？

我们提倡 "宁要存货，不要订货"。证明参见附录三。

第六章　市场营销效果分析（二）

本章分析配送效果。

第一节　数据源

配送效果是指在同样的产品供应条件下，是否取得了最大的利润。或者说，是否因配送不当造成了利润的流失。

如果在一个配送方案中，把配送到任何一个市场上的任何一个产品转送到其他市场，都不会使利润增加，这样的配送方案就是最好的方案。实际上就是"净"价格在各市场上应该相等。

当然其前提是市场价格的充分发现，即每个市场、每个产品都供求平衡。

虽然在现实中不可能永远做到供求平衡，但"净价格在各市场上应该相等"原则仍然可以简单有效地指导我们制定价格的追求方向，同时也可分析历史上价格制定在这方面的问题。

根据以上说明，我们的研究转换成"净"价格的计算。就本章所分析的问题而言，我们可以简单地设：

"净"价格 = 价格 − 变动运费①

价格，来自各期决策中的"价格"数据。变动运费，来自《规则》。

第二节　采集加工数据

打开"制定决策"中的"各期可行决策"把其中的数据拷贝到 Excel 表中。经过筛选加工整理，再把《规则》中变动运费的数据拷贝过来，经过计算后，得到结果如表 4 – 6 – 1 所示。

---

① 其原理与固定成本和变动成本的习性类似，同学们可对比理解。

表 4 – 6 – 1A　　　　　　变动运费表

	市场1	市场2	市场3	市场4	
变动运费	40	100	200	200	A
	300	500	600	600	B
	400	600	800	800	C
	500	700	900	900	D

表 4 – 6 – 1B　　　　　　价格差计算表

	决策价格					"净"价格				与市场4的差		
	市场1	市场2	市场3	市场4		市场1	市场2	市场3	市场4	市场1	市场2	市场3
第9期	4000	4000	4200	4200	A	3960	3900	4000	4000	-40	-100	0
	7000	7000	7200	7200	B	6700	6500	6600	6600	100	-100	0
	8000	8000	8200	8200	C	7600	7400	7400	7400	200	0	0
	9700	9700	10000	10000	D	9200	9000	9100	9100	100	-100	0
第10期	4500	4500	4800	4800	A	4460	4400	4600	4600	-140	-200	0
	7000	7000	7100	7100	B	6700	6500	6500	6500	200	0	0
	30000	30000	30000	30000	C	29600	29400	29200	29200	400	200	0
	11000	11000	10999	10999	D	10500	10300	10099	10099	401	201	0
第11期	4500	4500	4800	4800	A	4460	4400	4600	4600	-140	-200	0
	7000	7000	7100	7100	B	6700	6500	6500	6500	200	0	0
	30000	30000	30000	30000	C	29600	29400	29200	29200	400	200	0
	11000	11000	10999	10999	D	10500	10300	10099	10099	401	201	0
第12期	4500	4500	4800	4800	A	4460	4400	4600	4600	-140	-200	0
	7400	7400	7150	7150	B	7100	6900	6550	6550	550	350	0
	30000	30000	30000	30000	C	29600	29400	29200	29200	400	200	0
	11000	11000	12000	12000	D	10500	10300	11100	11100	-600	-800	0
第13期	4600	4600	4900	4900	A	4560	4500	4700	4700	-140	-200	0
	7500	7500	7200	7200	B	7200	7000	6600	6600	600	400	0
	30000	30000	30000	30000	C	29600	29400	29200	29200	400	200	0
	13000	13000	12050	12050	D	12500	12300	11150	11150	1350	1150	0
第14期	4700	4700	5000	5000	A	4660	4600	4800	4800	-140	-200	0
	7500	7500	7100	7100	B	7200	7000	6500	6500	700	500	0
	30000	30000	30000	30000	C	29600	29400	29200	29200	400	200	0
	13000	13000	12050	12050	D	12500	12300	11150	11150	1350	1150	0

续表

	决策价格					"净"价格				与市场4的差		
	市场1	市场2	市场3	市场4		市场1	市场2	市场3	市场4	市场1	市场2	市场3
第15期	4700	4700	5000	5000	A	4660	4600	4800	4800	−140	−200	0
	7350	7350	7050	7050	B	7050	6850	6450	6450	600	400	0
	30000	30000	30000	30000	C	29600	29400	29200	29200	400	200	0
	12500	12500	12000	12000	D	12000	11800	11100	11100	900	700	0
第16期	4600	4600	4900	4900	A	4560	4500	4700	4700	−140	−200	0
	7500	7500	7200	7200	B	7200	7000	6600	6600	600	400	0
	30000	30000	30000	30000	C	29600	29400	29200	29200	400	200	0
	12400	12400	12500	12500	D	11900	11700	11600	11600	300	100	0

第三节　观察并分析

　　表4－6－1中的成果体现在"与市场4的差"这三列数据中。我们追求的目标是"全部为0"。或者说绝对值越小越好。

　　本公司市场3相比市场4的"差"统统为"0"，值得肯定。但市场1、2相比市场4的"差"波动幅度较大，甚至有破"千"的。也就是说，只要简单地调整1个产品的配送，就能"平白"增加千元利润，何乐而不为？

第七章 财务资源利用分析

第一节 数据源

财务部门是公司的大后方，属于"战略"部门。财务资源的利用是否有效，深远地影响公司的效益。

考察财务资源利用效率的数据主要是现金、银行贷款额度和债券额度。这些数据绝大部分可以在"内部信息"的"期末企业状况"中采集到。

第二节 数据采集与加工

采集到的第 9 期至第 16 期原始数据如表 4 – 7 – 1 所示。

筛选出有用数据并调整格式如表 4 – 7 – 2 所示。

从"内部信息"的"公司会计项目"中补充"还债券本金"，并增加计算行"未用债券额度"如表 4 – 7 – 3 所示。

其中"未用债券额度"=上期末"净资产"/2 – 本期末"债券" – 本期"还债券本金"

表 4-7-1

1435 赛区一01 公司：业绩分析（难度为 9 级，已模拟了 16 期）

第 9 期至第 16 期 "期末企业状况"

项目	第9期数值	名次	第10期数值	名次	第11期数值	名次	第12期数值	名次	第13期数值	名次	第14期数值	名次	第15期数值	名次	第16期数值	名次
工人数	214	4	308	10	349	10	443	7	430	7	418	8	536	2	486	2
机器数	120	1	170	4	200	9	200	10	220	8	240	4	240	6	240	6
原材料	625440	4	531440	4	687040	5	993040	1	499040	13	1142000	2	604000	12	966000	2
现金	1444701	13	3329405	8	6523640	4	6123796	4	6340695	6	6445378	7	11852321	3	13303206	2
累积折旧	5400000	1	6000000	1	6850000	1	7850000	9	8850000	10	9950000	10	11150000	9	12350000	10
银行信用额度	8000000	1	6444701	1	6444701	12	6444701	6	6444701	3	6444701	3	6444701	3	6444701	3
国债	0	1	0	1	0	1	0	1	0	1	0	2	0	2	0	1
债券	3100000	8	4900000	8	6800000	8	7090000	11	7345000	13	7565000	13	8450000	16	9165000	16
累计研发费	1300000	2	1630000	2	1850000	12	2070000	13	2200000	12	2200000	12	2200000	12	2200000	12
本期利润	604046	7	-260636	13	790573	5	1241238	4	1057269	7	1506682	7	2246184	1	1509126	8
本期交税	151011	7	0	6	132484	6	310310	6	264317	7	376670	7	561546	1	377282	8
累计交税	350273	7	355527	7	493345	8	811054	6	1087537	6	1480521	6	2064274	3	2472520	3
交税信用	-65159	13	-65159	13	100000	13	0	1	0	1	0	1	0	1	0	1
累计分红	0	2	0	3	0	3	101500	2	103022	3	104568	3	206136	4	1341073	4
净资产	14816488	7	14555852	11	15113940	11	16044870	6	16837820	6	17967832	7	19552468	1	19552472	4
人均利润率	2770.85	7	-830.05	13	2208.30	13	2740.04	5	2386.61	6	3503.91	7	4098.88	4	2815.53	10
资本利润率	0.0337	7	-0.0134	13	0.0361	13	0.0537	5	0.0437	6	0.0590	5	0.0802	2	0.0526	9
综合评分	-0.002	7	-0.152	10	0.267	3	0.411	3	0.388	3	0.407	3	0.504	3	0.534	3

表 4 – 7 – 2　　　　　　　　　　与财务资源利用率相关的数据

	第 9 期	第 10 期	第 11 期	第 12 期	第 13 期	第 14 期	第 15 期	第 16 期
现金	1444701	3329405	6523640	6123796	6340695	6445378	11852321	13303206
银行信用额度	8000000	6444701	6444701	6444701	6444701	6444701	6444701	6444701
债券	3100000	4900000	6800000	7090000	7345000	7565000	8450000	9165000
净资产	14816488	14555852	15113940	16044870	16837820	17967832	19552468	19552472

表 4 – 7 – 3　　　　　　　　　　对表 4 – 7 – 2 的进一步补充和加工

	第 8 期	第 9 期	第 10 期	第 11 期	第 12 期	第 13 期	第 14 期	第 15 期	第 16 期
现金		1444701	3329405	6523640	6123796	6340695	6445378	11852321	13303206
银行信用额度		8000000	6444701	6444701	6444701	6444701	6444701	6444701	6444701
债券		3100000	4900000	6800000	7090000	7345000	7565000	8450000	9165000
净资产	14363454	14816488	14555852	15113940	16044870	16837820	17967832	19552468	19552472
还债券本金		100000	200000	300000	410000	445000	480000	515000	585000
未用债券额度		3981727	2308244	177926	56970	232435	373910	18916	26234

第三节　制图并观察分析

在表 4 – 7 – 3 中，"现金"、"银行信用额度"和"未用债券额度"是本章分析所关心的数据。用这三行数据制作折线图如图 4 – 7 – 1 所示。

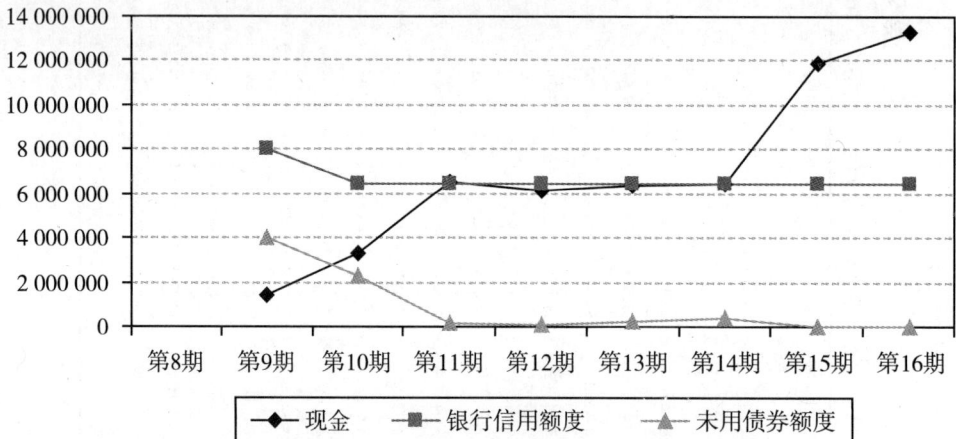

图 4 – 7 – 1　三项主要财务资源存量折线示意

观察这三条折线，我们可以发现本公司债券额度这项最重要的"战略"财务资源得到了非常充分的利用。这是值得肯定的。但是另两项财务资源利用还远未达到充分，尚需努力。其中银行贷款额度只用了 100 多万元，还有 600 多万元一直没有；现金也长期保持在 600 万元以上。这些积压都放缓了公司的发展速度。哪怕多买两台机器，我们的市场地位和盈利能力都会有所提高。

公司财务主管应该对这三条线有一个事先的规划。例如，可以设计成如表 4-7-4 和图 4-7-2 所示。

表 4-7-4　　　　理论上的三种财务资源存量数据（推荐方案之一①）

	第 8 期	第 9 期	第 10 期	第 11 期	第 12 期	第 13 期	第 14 期	第 15 期	第 16 期
现金	4000000	3000000	0	3000000	3000000	3000000	3000000	4000000	5000000
银行信用额度	8000000	8000000	8000000	6000000	4000000	2000000	0	0	0
未用债券额度	6000000	3000000	1500000	0	0	0	0	0	0

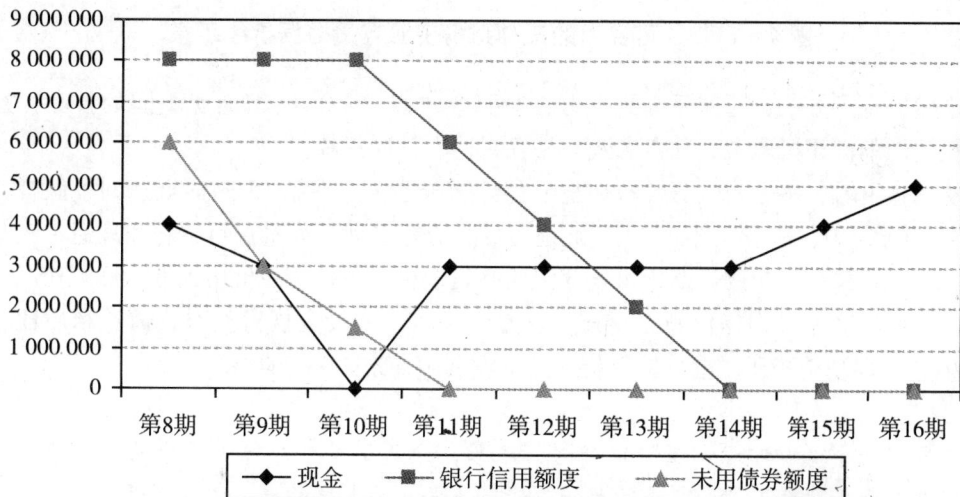

图 4-7-2　推荐的理论上的三种财务资源存量数据折线示意

上述方案只是可选方案之一，还会有其他方案，并且各有所长短。初学者还要特别注意的是，即使你同意某方案，也不一定代表你可以直接使用该方案。至少，我们在实际经营中，一定要留有"预备队"以抵御各种风险。为了防止现金断流的风险，我们可以把上述"理想"方案调整成如表 4-7-5 和图 4-7-3 所示的"实战"方案。

表 4-7-5　　　　可实用的三种财务资源存量方案数据

	第 8 期	第 9 期	第 10 期	第 11 期	第 12 期	第 13 期	第 14 期	第 15 期	第 16 期
现金	4000000	3000000	0	3000000	3000000	3000000	3000000	4000000	5000000
银行信用额度	8000000	8000000	8000000	4000000	2000000	2000000	2000000	1000000	0
未用债券额度	6000000	3000000	1500000	0	0	0	0	0	0

---

① 只是方案之一。见仁见智。

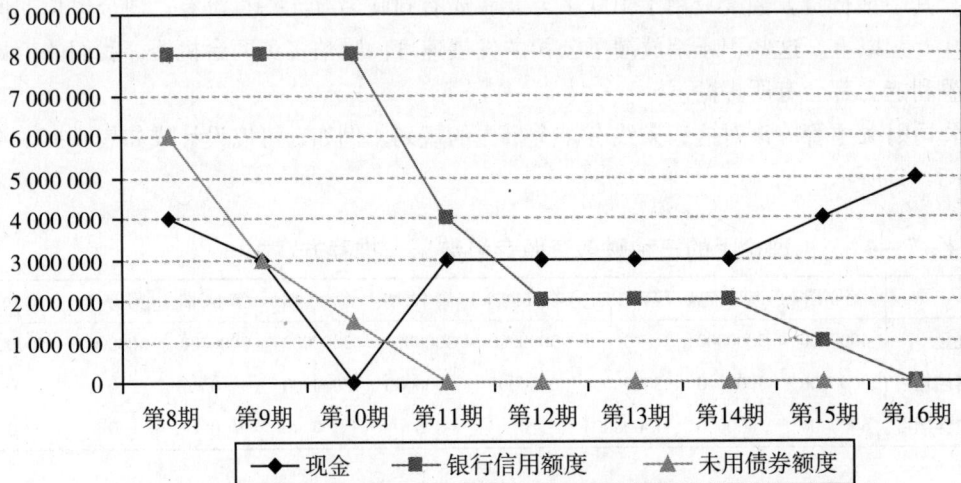

图 4 – 7 – 3　可实用的三种财务资源存量数据折线示意

当然，有了方案，还需要有执行力。每一个"点"的落实都会有不同的技巧。这些方面，请同学们积极思考、勤奋实践、相互讨论、共同提高。

从总体上看，本公司经营效益在整个赛区属于上游，在第 15 期甚至达到了傲视群雄的位置。但第 10、第 13、第 16 三期业绩落后，分析发现，大量盲目招聘和辞退工人是重要原因。回顾整整两年的任期，市场营销始终是短板，高端产品价格太低，低端产品价格偏高。研发了产品 C 但是没开工生产，这是个失误。从投资规模上看，债券利用比较充分（棒!），但现金积压严重，银行贷款基本没利用，这是一个遗憾。

本篇以一个（初学者管理的）公司为对象，分析了整个经营过程中的优劣得失。我们将在下一篇，对全国最高水平的赛场，进行点评，为大家的进一步提高开拓思路。

第五篇

业绩分析（二）

——决策改进

第一章 模型简介

第一节 模型来源

王其文教授每年都对全国MBA培养院校企业竞争模拟大赛进行点评总结并为此制作了专门的模型。该模型也通过本教材的附件提供给读者,名为"2014复赛2641赛区分析-16公司"(见附件三)。该文件名的含义是:2014年全国MBA培养院校企业竞争模拟大赛复赛阶段2641赛区数据分析,该赛区有16个公司。图5-1-1所示是其第一页。

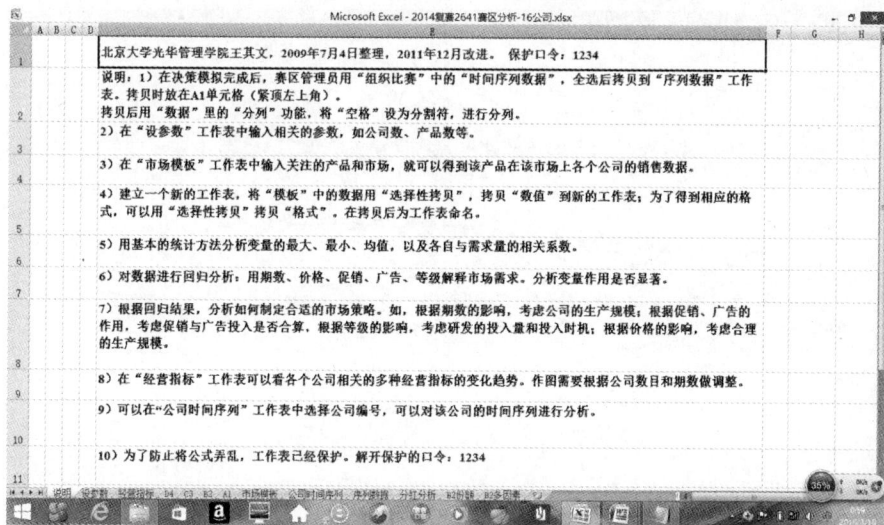

图5-1-1 "014复赛2641赛区分析-16公司"分析模型第一页

第二节 模型使用方法

图5-1-1中的10条说明已经简洁明了地介绍了模型的使用方法。从下面的工作表名录条可以看到,模型的基本部分包括13个工作表,基本部分之外可以按需要增加新的工作表。在基本部分的13个工作表中,第一页"说明"需要认真学习理解;第二页"设参数"需要设置如表5-1-1所示的几个参数;第十页"序列数据"需要从"组织比赛"

中的"时间序列数据"拷贝来原始数据并进行分列处理。这些原始数据占用了五千多行、十一列的表空间。

表 5 – 1 – 1　　　　　　　　　　　需要设置的参数

赛区号或班次：		2641 赛区	2014 全国 MBA 培养院校企业竞争模拟大赛
公共期数	企业数	产品数	市场数
8	16	4	4

完成了上述三项工作，我们就可以尽情"享受"模型为我们完成的繁琐的数据筛选和计算的成果了。除了上面 3 个工作表外，模型基本部分的其余 10 个工作表分别显示 10 个方面的计算成果。下面以"经营指标"工作表为例说明该模型的使用方法。

首先进入"经营指标"工作表。该表中有两个选项：选指标（选序号）和选企业，参见图 5 – 1 – 2。本表可表达 12 个指标（对应 1～12 的序号）第 9～16 期的发展趋势，通过"选序号"选择其中任一指标。本表可显示 1～16 个企业的上述发展趋势。当在"是否全选"项下填写"1"时，表中显示全部 16 个企业的情况；若填写"0"，表示不全选，则可在"选企业"项下填写希望选择显示的企业。图 5 – 1 – 2 显示的是全部 16 个企业第 9～16 期"综合得分"的发展趋势。

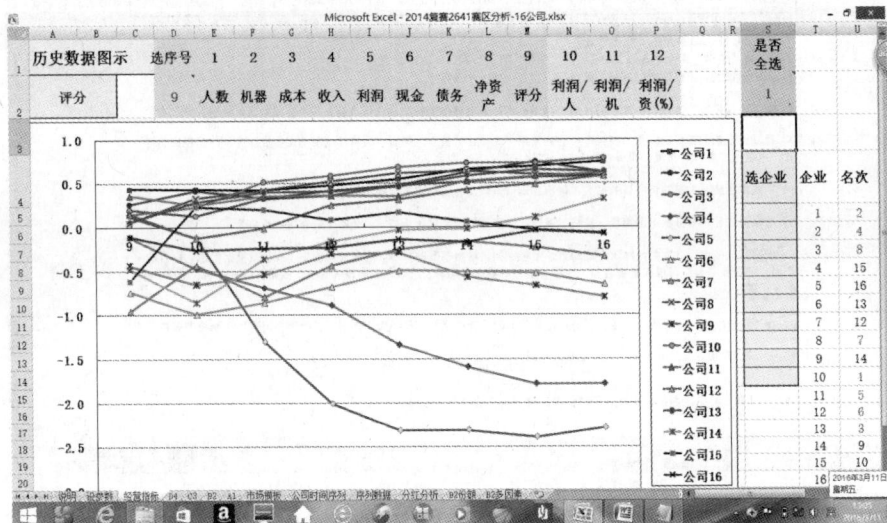

图 5 – 1 – 2　全部 16 个企业第 9～16 期"综合得分"的发展趋势

从图 5 – 1 – 2 中可以看出，综合得分在 0.5 以上的有 8 个企业；在 – 0.5～0.5 之间的有 4 个企业；在 – 0.5 以下的有 4 个企业。由于得分在 0.5 以上的 8 个企业分差太小，相互之间的差距不易辨别，我们可以只选择这 8 个企业以便突出其间的差异，如图 5 – 1 – 3 所示。

如果我们希望观察最终名次与累计纳税排名之间的关系，可以从图 5 – 1 – 2 和模型中的"分红分析"工作表中整理出数据如表 5 – 1 – 2，并据此制作图 5 – 1 – 4。

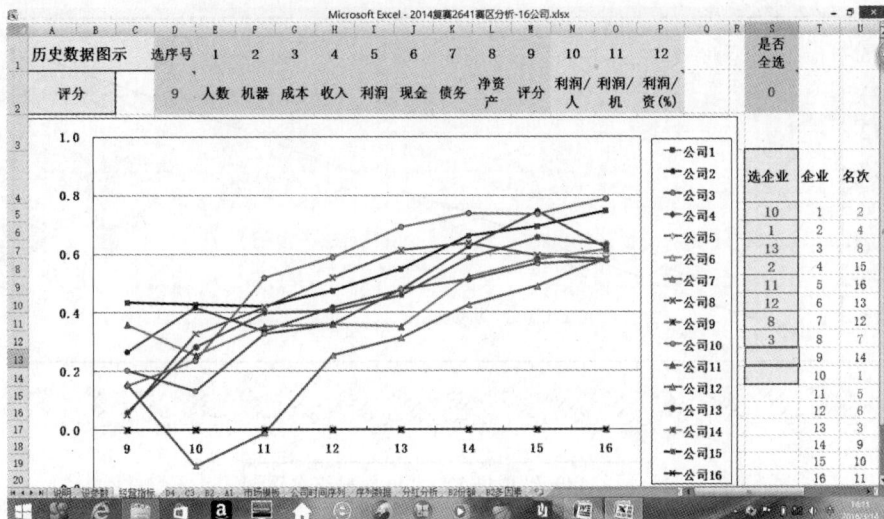

图 5 - 1 - 3 前 8 个企业第 9 ~ 16 期 "综合得分" 的发展趋势

表 5 - 1 - 2　　　　　最终名次与累计纳税排名对照

企 业	累计纳税排名	最终名次
公司 10	1	1
公司 1	2	2
公司 2	3	4
公司 11	4	5
公司 13	5	3
公司 12	6	6
公司 3	7	8
公司 8	8	7
公司 14	9	9
公司 15	10	10
公司 16	11	11
公司 7	12	12
公司 9	13	14
公司 6	14	13
公司 4	15	15
公司 5	16	16

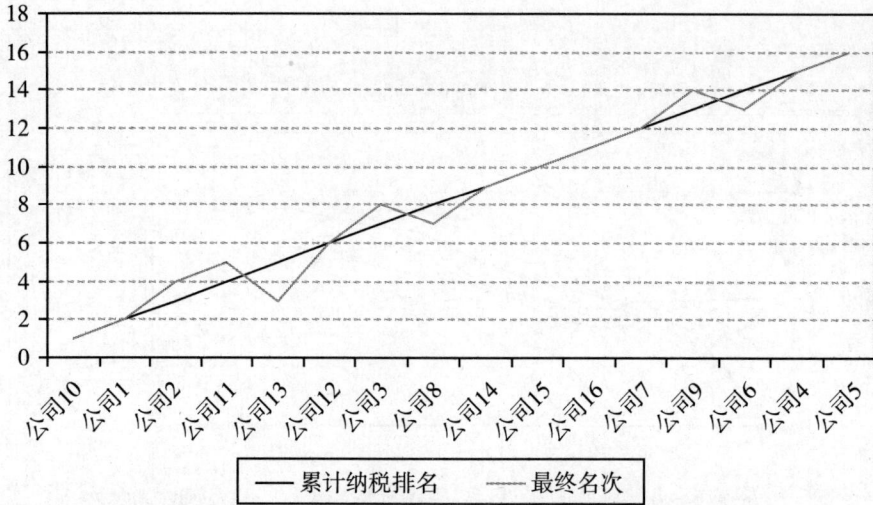

图 5 – 1 – 4 最终名次与累计纳税排名对照折线示意

观察表 5 – 1 – 2 和图 5 – 1 – 4，可发现与表 4 – 1 – 4 和图 4 – 1 – 2 的结论基本相同：最终排名与累计纳税排名相同或围绕累计纳税排名上下波动。

第二章 决策反思：现金
——企业的生命线

　　我们常说：现金是企业运行的血液。在企业竞争模拟实战中，现金也是每个公司的生命线。如果现金断流，公司将陷入无法持续经营的泥沼，并最终走向失败。在 2014 年全国 MBA 培养院校企业竞争模拟大赛复赛阶段 2641 赛区中，公司 4 和公司 5 因现金断流，虽然经过一番努力，最终因没有资金运送产品到市场而导致收入为零难以为继。图 5 - 2 - 1 显示了全部 16 个公司的债券发展趋势，图 5 - 2 - 2 显示了公司 4 和公司 5 与排名前 5 的公司的债券发展趋势。

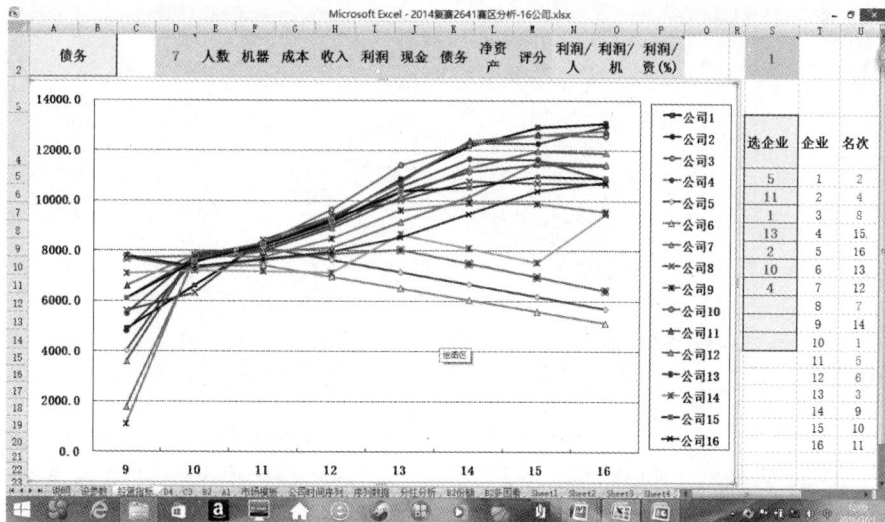

图 5 - 2 - 1　全部 16 个公司的债券发展趋势折线示意

　　从图 5 - 2 - 1 和图 5 - 2 - 2 可以看出，公司 4 和公司 5 在扩张阶段[①]与大家的融资规模接近，其中公司 4 在第 9 期的融资规模与最终取得冠军的公司 10 不相上下，公司 5 在第 10 期的融资规模高居全赛区之首。但是我们对照观察如图 5 - 2 - 3 所示全部 16 个公司的收入发展趋势折线图可知，公司 4 和公司 5 没能安排好如此高的融资规模，令其发挥恰当的效益，反而从第 11 期开始，收入大幅下滑。公司 4 经历连续 5 个收入下降，在第 16 期收入为零。公司 5 更是从第 12 期开始，直接降为零，直至比赛结束，没有丝毫起色。

---

　　① 参见本教材第一篇第六章。

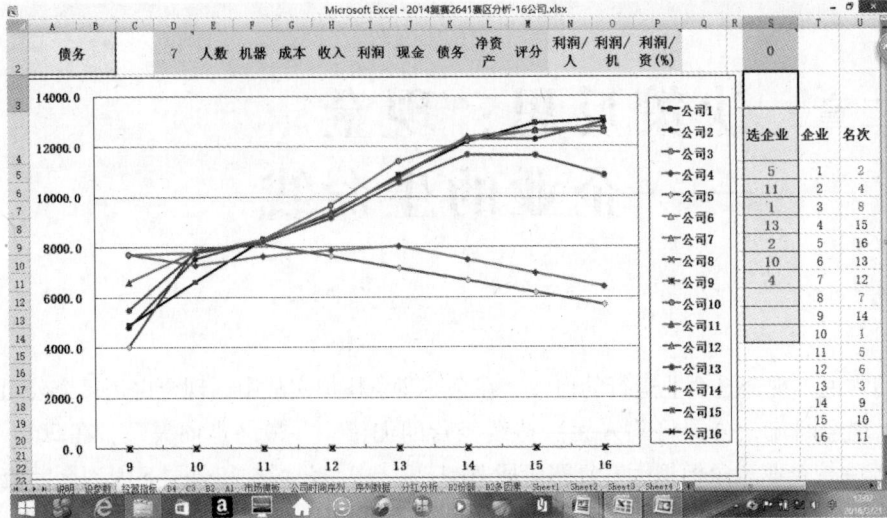

图 5 – 2 – 2　公司 4 和公司 5 与排名前 5 的公司的债券发展趋势折线示意

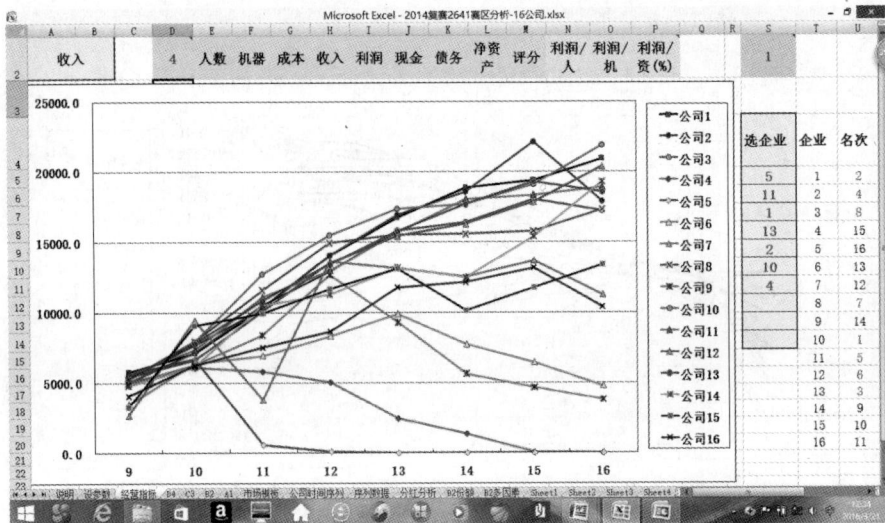

图 5 – 2 – 3　全部 16 个公司的收入发展趋势折线示意

正像系统中"疑问解答"中所说："26）问：什么失误是最致命的失误？

"答：许多失误都可能让企业铸成大错。如果一定要挑一种失误，预留现金不足可能是致命的。轻者，产品运不出；重者，生产不能进行；严重者，可能导致破产。"①

---

① 参见《文献资料》"疑难解答"第 26 问。

第三章　亡羊补牢：把握供求偏差的方向，把利润掌握在自己手里

观察图5-3-1，公司12在刚刚开局不久的第10期末是负分，远远落后于水平相近的公司8和公司3。但公司12并未气馁，从第12期开始奋起直追，到比赛终结创线的瞬间，超越公司8和公司3，夺得第6名的成绩，公司8和公司3屈居第7、8名。那么，公司12为什么在开局的阶段大幅度落后？又为什么能够突然发力，后来居上，超越了公司8和公司3呢？

第一节　机器数量是战略力量

观察图5-3-2，公司12在前五期机器数量处于相对劣势，后三期处于稳定的优势地位。似乎吻合先落后后追赶超前的趋势。但是对比图5-3-1和图5-3-2，感到仅仅机器数量的对比还不足以说明公司12先大幅落后，通过奋起直追赶超上去的。

让我们继续寻找原因。

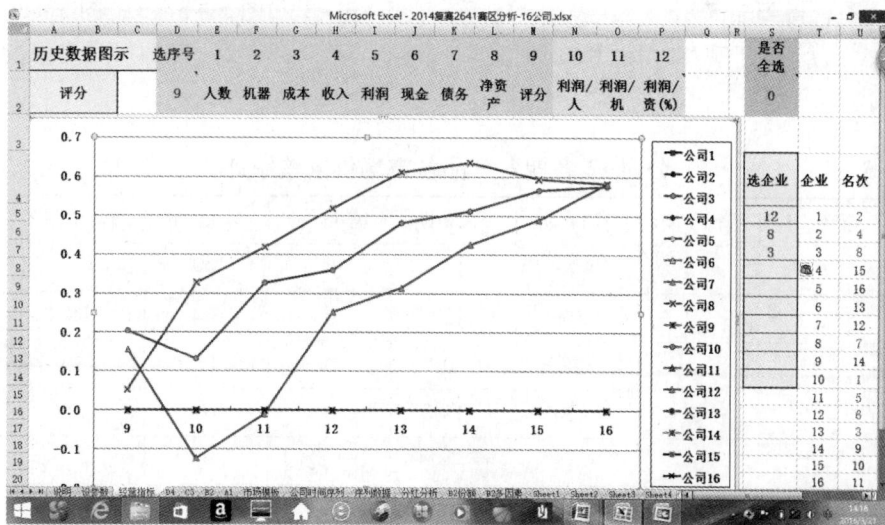

图5-3-1　公司12、公司8和公司3综合评分发展趋势折线示意

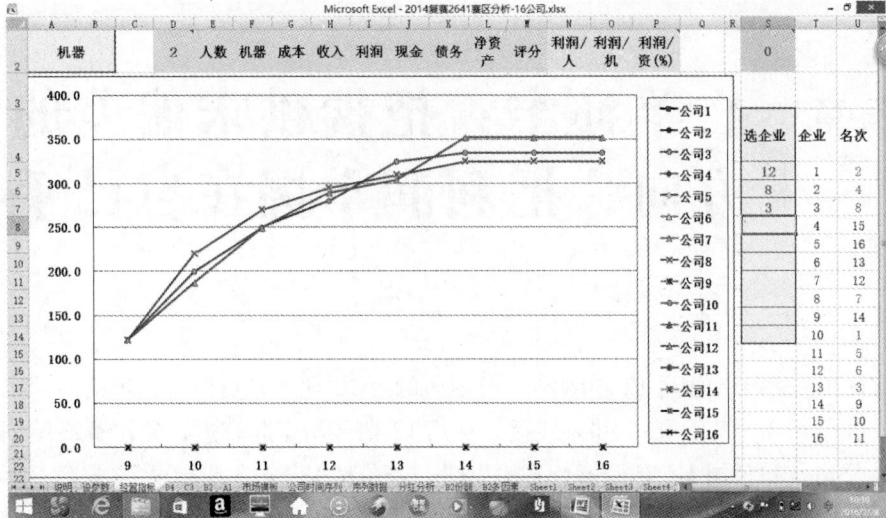

图 5 - 3 - 2　公司 12、公司 8 和公司 3 机器数量发展趋势折线示意

第二节　观察市场营销的效果

　　市场营销是企业创造的价值和超额价值得到最终实现的环节，马克思将之称为"惊险的跳跃"。我们可以通过在"公司时间序列"工作表中依次选择公司 12、8、3；分别将这三个公司的时间序列数据用"选择性拷贝"，拷贝"数值"到新的工作表；在拷贝后为这三个工作表分别命名为"公司 12"、"公司 8"和"公司 3"。通过筛选、加工、整理并制作折线图，得到表 5 - 3 - 1、表 5 - 3 - 2、表 5 - 3 - 3 和图 5 - 3 - 3、图 5 - 3 - 4、图 5 - 3 - 5。[①] 为了便于观察，我们特地把表 5 - 3 - 1、表 5 - 3 - 2、表 5 - 3 - 3 中的负数用阴影标出。

表 5 - 3 - 1　　　　　　　　公司 12 各期各产品各市场供求差统计

期数	第 9 期	第 10 期	第 11 期	第 12 期	第 13 期	第 14 期	第 15 期	第 16 期
A1	0	-4	-16	12	0	-4	-8	0
A2	0	-4	-16	12	0	-4	-8	0
A3	-12	-16	-8	0	0	12	-20	-4
A4	-12	-28	-20	18	0	0	-28	99
B1	-4	0	-16	-4	-12	0	-8	0
B2	0	0	-16	-4	-12	0	-4	-4
B3	0	0	-8	-28	0	-24	-32	0

---

① 参见本教材第四篇第五章有关内容。

续表

期数	第 9 期	第 10 期	第 11 期	第 12 期	第 13 期	第 14 期	第 15 期	第 16 期
B4	0	0	− 44	− 16	0	− 24	− 32	0
C1	− 20	− 24	0	0	0	0	0	0
C2	− 20	− 24	0	0	0	0	0	0
C3	− 4	− 20	− 4	0	0	0	0	0
C4	− 4	− 40	0	− 24	10	23	− 20	− 4
D1	− 4	− 28	− 8	− 4	14	28	62	− 84
D2	− 4	− 24	− 12	− 4	16	25	57	− 80
D3	− 12	− 56	− 4	− 24	27	24	56	− 144
D4	− 28	− 88	2	10	36	− 28	24	− 56

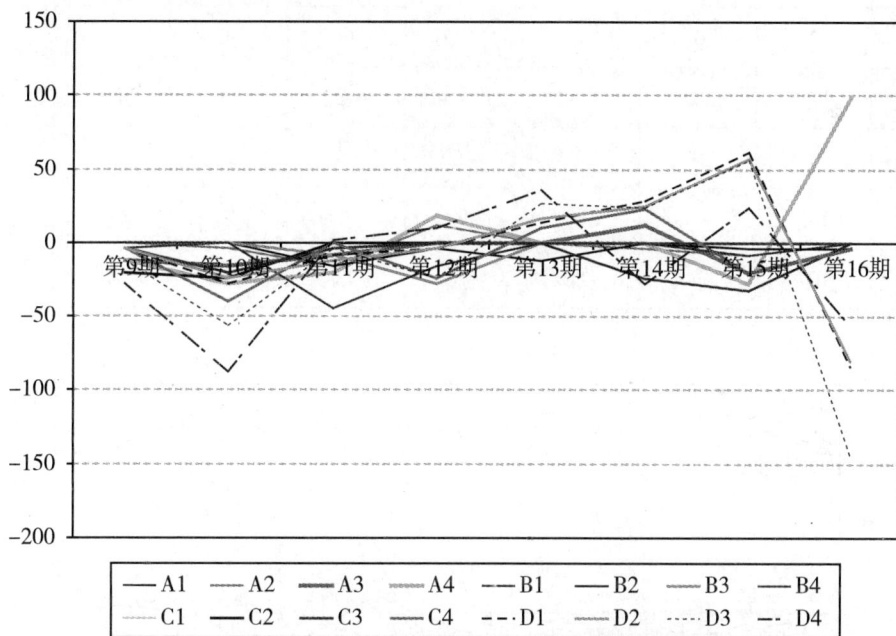

图 5 - 3 - 3　公司 12 各期各产品各市场供求差统计数据折线示意

表 5 - 3 - 2　　　　　　　　公司 8 各期各产品各市场供求差统计

产品市场	第 9 期	第 10 期	第 11 期	第 12 期	第 13 期	第 14 期	第 15 期	第 16 期
A1	0	− 4	− 16	0	0	0	0	0
A2	0	0	− 20	0	0	0	0	0
A3	0	0	− 12	− 12	12	17	− 16	0

产品市场	第 9 期	第 10 期	第 11 期	第 12 期	第 13 期	第 14 期	第 15 期	第 16 期
A4	0	0	−8	−12	17	12	−8	73
B1	−4	−12	−12	−4	−12	0	0	7
B2	−4	−12	−12	−4	−12	4	0	11
B3	0	−16	−4	−36	32	−20	0	0
B4	0	−12	−8	−36	31	−12	0	0
C1	3	0	0	−12	3	−4	1	0
C2	2	0	0	−12	8	−20	6	0
C3	0	1	0	−36	15	−4	0	−4
C4	0	0	1	−32	14	0	0	−4
D1	17	0	−52	−64	2	33	83	68
D2	20	0	−64	−60	5	29	75	63
D3	10	−8	−80	−92	7	42	61	32
D4	10	−4	−80	−76	28	7	44	66

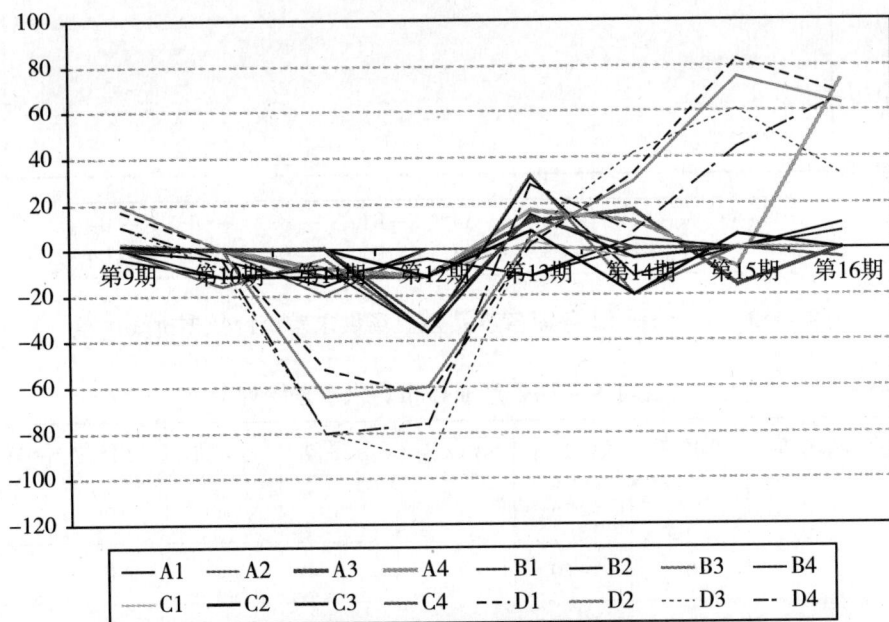

图 5 - 3 - 4　公司 8 各期各产品各市场供求差统计数据折线示意

表 5 - 3 - 3　　　　　　　　　公司 3 各期各产品各市场供求差统计

产品市场	第 9 期	第 10 期	第 11 期	第 12 期	第 13 期	第 14 期	第 15 期	第 16 期
A1	-28	0	4	13	0	0	0	10
A2	-24	0	4	13	0	0	0	12
A3	-24	2	4	15	11	10	0	15
A4	-24	7	2	11	10	11	0	3
B1	-8	2	4	22	0	0	0	0
B2	-4	4	12	23	2	0	0	0
B3	0	16	13	7	15	-4	-8	0
B4	0	19	14	6	13	-4	-8	0
C1	7	-24	-20	21	5	0	8	8
C2	8	-20	-16	23	11	0	0	11
C3	0	-36	-16	3	-4	1	8	10
C4	0	-36	-20	0	-12	3	4	13
D1	16	-24	-8	0	2	58	55	44
D2	17	-24	-12	6	8	54	46	50
D3	7	-40	-32	-8	8	56	63	72
D4	7	-40	-28	0	29	12	46	113

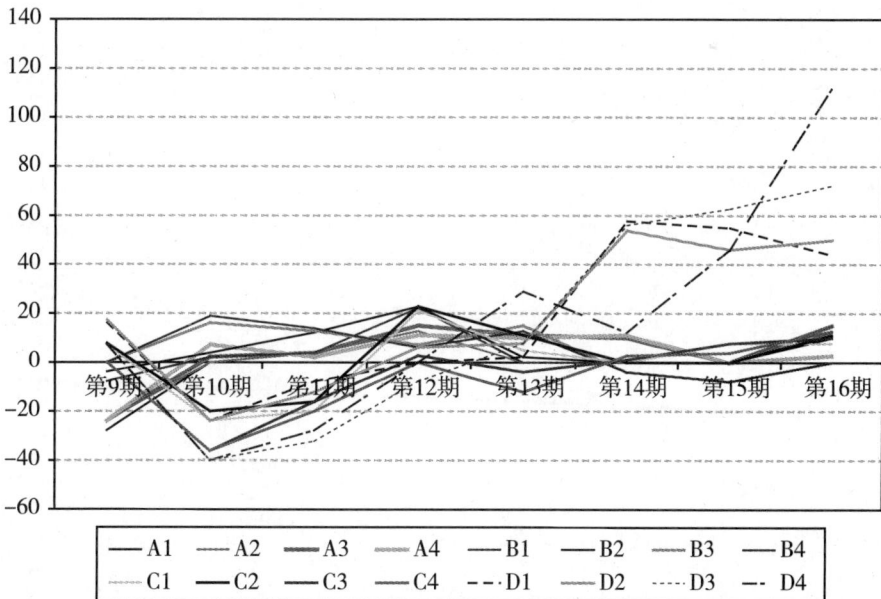

图 5 - 3 - 5　公司 3 各期各产品各市场供求差统计数据折线示意

　　观察表 5-3-1、表 5-3-2、表 5-3-3 和图 5-3-3、图 5-3-4、图 5-3-5，可以发现：相对于公司 8 和公司 3，公司 12 在前两期出现了较严重的"订货"：32 个数据中 9 个为"0"，其余 23 个全部为负，数据个数比例为 0∶9∶23——一面倒。而公司 8 的这一比例为 7∶16∶9；公司 3 的为 12∶6∶14；基本处于平衡的状态。根据我们在第四篇第五章的分析，"库存"只是推迟了利润的实现，而"订货"将给公司带来无法挽回的"利润流失"。至此我们可以初步判断：公司 12 在开局阶段因为市场营销中的策略偏于保守，缺乏进取精神，致使利润损失较大，在市场竞争中处于劣势地位。

　　随着比赛进入相持阶段，公司 12 及时发现并调整了市场营销策略，至少在举足轻重的产品 C 和产品 D 的市场上，逐步减少消除了"订货"现象，这就是该公司能奋起直追的原因。

　　值得一提的是：在最后一期冲刺的时候，公司 12 采取了 1∶8∶7 的"清仓甩货"策略，及时实现了本期最大利润，而公司 8 的 7∶7∶2 和公司 3 的 12∶4∶0 就显得四平八稳，没能把握住最后的机会，屈居公司 12 之后了。

附录二　产品内部成本计算举例

在第一篇第四章和第二篇第三章等处，我们都推荐为了降低生产成本，应该把劳动密集型产品安排在第一班生产。但在评价比较各产品的经济效益时，如果直接按账面上的成本计算，被排在高工资班次的产品就会处于不利地位。为了消除这种"不公平"，我们引入"内部成本"作为公平评价的参照。[①]

以 1435 赛区、难度 9 级、情景 N 为例说明内部成本的计算方法。

一、计算资料的准备

从《规则》中拷贝"生产单个产品所需要的资源"如附表 1 所示。

附表 1　　　　　　　　　　　生产单个产品所需要的资源

	产品 A	产品 B	产品 C	产品 D
机　器（时）	120	170	300	400
人　力（时）	150	200	220	250
原材料（单位）	320	1200	2000	2800

从《规则》中拷贝"员工待遇与激励"如附表 2 所示。

附表 2　　　　　　　员工待遇与激励：工作小时基本工资

第一班正班：	10.0 元	第一班加班：	15.0 元
第二班正班：	12.0 元	第二班加班：	18.0 元

每个工人只能上一种班，加班人数不能多于本班正班人数。未值班的工人按第一班正班付工资。

从《规则》中拷贝"机器的折旧费和维修费"如附表 3 所示。

附表 3　　　　　　　　　　机器的折旧费和维修费

机器价格为 100000 元，折旧期为 5 年，每期（季度）折旧为 5.0%，不管使用与否
每台机器每期的维修费为 500 元，不论使用与否

[①]　系统中资料以每天开工 12 小时为例计算。这里以每天开工 20 小时计算。

二、单位资源的内部成本

1. 每小时机器成本按每期 $520 + 520 + 260 = 1300$ 小时计算，不考虑财务费用。

每小时机器内部成本 $= ((100000 \times 5\%) + 500)/1300 = 5500/1300 = 4.23$ 元/小时

2. 每小时工人成本按每期 $520 + 520 + 260 = 1300$ 小时计算，不考虑招聘和退休安置费用。

按工人平均安排在第一班和第二班，工人在第一班工作 8 小时，在第二班工作 12 小时计算。这里没考虑工资系数。

$$\begin{aligned} 每小时工人内部成本 &= (10 \times 8 + 12 \times 8 + 18 \times 4)/20 \\ &= (80 + 96 + 72)/20 \\ &= 248/20 \\ &= 12.4 \text{ 元/小时} \end{aligned}$$

由于我们往往把劳动密集型产品安排在第一班生产，所以第一班工人往往比第二班工人要多，每小时工人内部成本实际上会略低于 12.4 元，暂取整为 12 元/小时。

三、各产品的内部成本

1. 产品 A 内部成本

产品 A 内部成本

$=$ 产品 A 机器小时 × 机器内部单位成本 + 产品 A 工人小时 × 工人内部单位成本 + 产品 A 原材料成本

$= 120 \times 4.23 + 150 \times 12 + 320$

$= 2627$ 元/单位产品 A

2. 产品 B 内部成本

$=$ 产品 B 机器小时 × 机器内部单位成本 + 产品 B 工人小时 × 工人内部单位成本 + 产品 B 原材料成本

$= 170 \times 4.23 + 200 \times 12 + 1200$

$= 4319$ 元/单位产品 B

3. 产品 C 内部成本

$=$ 产品 C 机器小时 × 机器内部单位成本 + 产品 C 工人小时 × 工人内部单位成本 + 产品 C 原材料成本

$= 300 \times 4.23 + 220 \times 12 + 2000$

$= 5909$ 元/单位产品 C

4. 产品 D 内部成本

$=$ 产品 D 机器小时 × 机器内部单位成本 + 产品 D 工人小时 × 工人内部单位成本 + 产品 D 原材料成本

$= 400 \times 4.23 + 250 \times 12 + 2800$

$= 7492$ 元/单位产品 D

计算结果：2467 元/单位产品 A

4319 元/单位产品 B

5909 元/单位产品 C

7492 元/单位产品 D

　　内部成本也叫做内部考核价格，在这里我们仅计算变动成本部分。在我们的比赛中，可以看作每个公司内部的生产部门分为四个班组，分别生产产品 A、B、C、D。因为一班的工资水平较低，为了降低生产费用，我们有意识地把劳动密集型产品安排到一班生产，这就造成了劳动密集型产品的成本被低估；另一方面，为了评价和考核这四个班组对公司的贡献，应该让四种产品的成本能够被"公平"地计算。"内部成本"应运而生。

　　如果希望计算完全成本，还需要把研发费支出、招聘新工人培训费支出、退休解聘工人安置费支出、管理费支出、运输费支出、保管费支出、财务费支出和广告促销费支出等分摊到单位产品上。

附录三 订货与存货损失比较

在进行订货与存货损失比较前，我们先来分析一下价格的发展趋势。影响价格的因素包括市场的成长（期数）、产品等级、广告促销、欲销售数量等。其中前两个因素促使价格上涨；最后一个因素促使价格下降。综合起来，我们假设价格随时间不下降。

在附图1中，P0是"理想"的价格，该价格唤起的需求正好等于希望销售的（配送的）数量；高于和低于P0的是"P高"和"P低"，其唤起的需求分别小于和大于希望销售的（配送的）数量，在这里称为Q存和Q订。

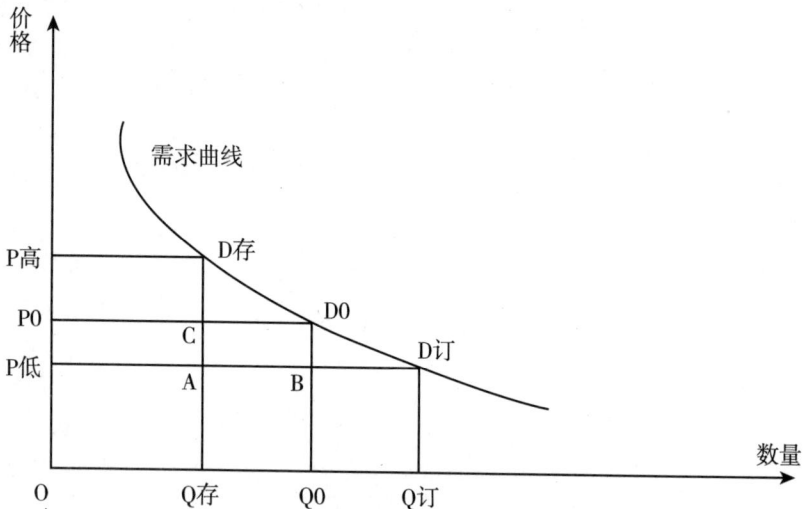

附图1 订货与存货损失比较分析

如果我能够"发现"P0，当然很好。此时的收入是矩形"P0–D0–Q0–0"所围成的面积。但在许多情况下，这只是侥幸。实际上经常发生的是或高或低。

如果我的决策是P低，本期减少的收入直接损失是矩形"P0–D0–B–P低"所围成的面积。这个减少没有其他机会能够弥补回来，所以可称为直接损失。

如果我的决策是P高，本期减少的收入是矩形"C–D0–Q0–Q存"所围成的面积减去矩形"P高–D存–C–P0"所围成的面积。这个收入减少同时产生的存货，可以在以后的销售中实现收入弥补现在的减少。所以P高造成的收入减少可以在以后弥补回来。从这个意义上说，偏高的价格只是推迟了收入（包括利润）的实现，属于有机会得到弥补的损失。

当然，本期收入的减少必然会影响到现金的流入，从而造成现金管理的困难，这是不能忽视的。

回到原问题：当我们追求的既无订货也无存货（双零）的价格无法立即实现的情况下，两害取其轻，我们宁愿忍受存货。但希望存货量越少越好。

图书在版编目（CIP）数据

企业竞争模拟：四步循环实训教程／陈冰主编．—2版．
—北京：经济科学出版社，2016.7
ISBN 978 - 7 - 5141 - 7069 - 6

Ⅰ．①企…　Ⅱ．①陈…　Ⅲ．①企业竞争 - 教材　Ⅳ．①F270

中国版本图书馆 CIP 数据核字（2016）第 152110 号

责任编辑：齐伟娜
责任校对：郑淑艳
责任印制：李　鹏

企业竞争模拟（第2版）
——四步循环实训教程
主审　王其文
主编　陈　冰
经济科学出版社出版、发行　新华书店经销
社址：北京市海淀区阜成路甲 28 号　邮编：100142
总编部电话：010 - 88191217　发行部电话：010 - 88191540
网址：www.esp.com.cn
电子邮件：esp@ esp.com.cn
天猫网店：经济科学出版社旗舰店
网址：http://jjkxcbs.tmall.com
北京季蜂印刷有限公司印装
787×1092　16 开　10.5 印张　260000 字
2016 年 8 月第 2 版　2016 年 8 月第 1 次印刷
ISBN 978 - 7 - 5141 - 7069 - 6　定价：28.00 元
（图书出现印装问题，本社负责调换。电话：010 - 88191502）
（版权所有　翻印必究　举报电话：010 - 88191586
电子邮箱：dbts@ esp.com.cn）